Peter Krain

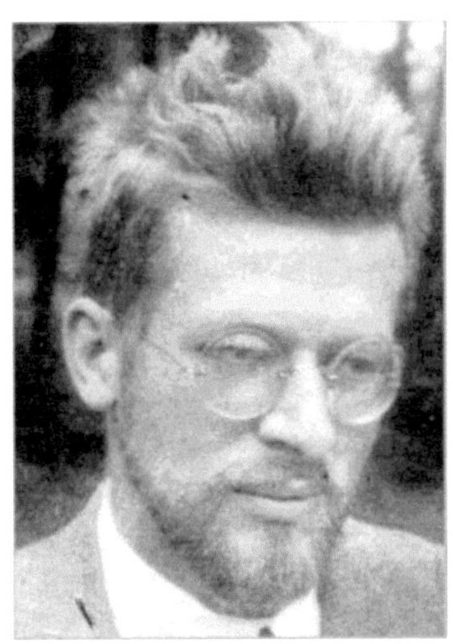

Willibald Krain

Pressezeichner
Karikaturist
Illustrator
Grafiker
Maler
in
München und Berlin

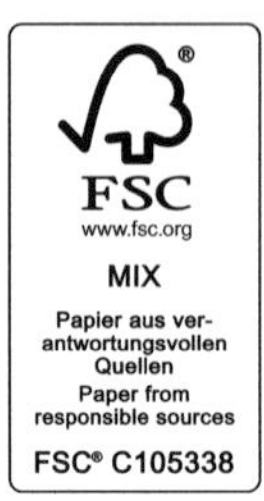

Das Buch ist diesen beiden Menschen gewidmet,
die ich leider nicht kennen gelernt habe.

Sie sind viel zu früh gestorben:
Meine Großeltern.
Martha starb, kurz bevor sie 51 wurde,
Willibald wurde nicht einmal 59 Jahre alt.

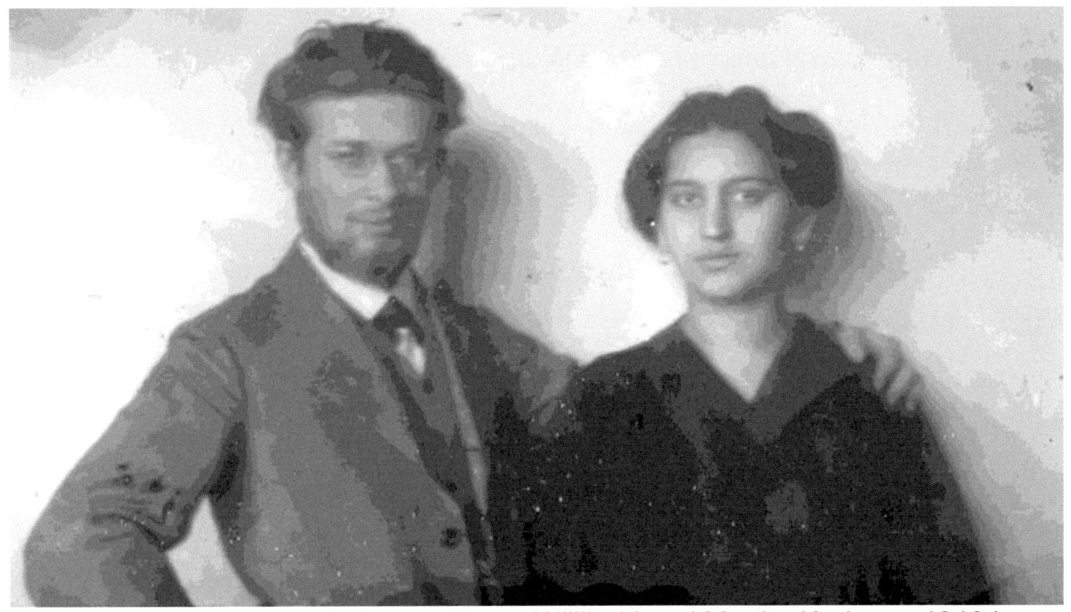

Eines der wenigen erhaltenen Fotos: Willibald und Martha Krain um 1910 in
München

Willibald Curt Krain

geboren am 11.12.1886 in Breslau
(Wroclaw)
gestorben am 11.9.1945 in Dresden

Martha Meta Krain-Wiener

geboren am 16.2.1883 in Krotoszyn /
Poznan
gestorben am 6.2.1934 in Berlin

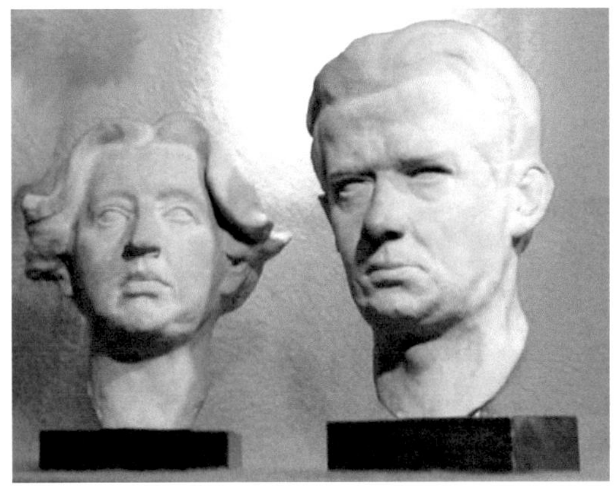

Willibald Krain als Bildhauer,1929: Martha und Willibald Krain in Ton

Vorwort

Die zwölf braunen Jahre der deutschen Geschichte haben dafür gesorgt, daß viel zu wenige Werke aus dem umfangreichen Schaffen meines Großvaters erhalten geblieben sind. Als prominenter Pressezeichner, der sowohl den Militarismus als auch die Umtriebe

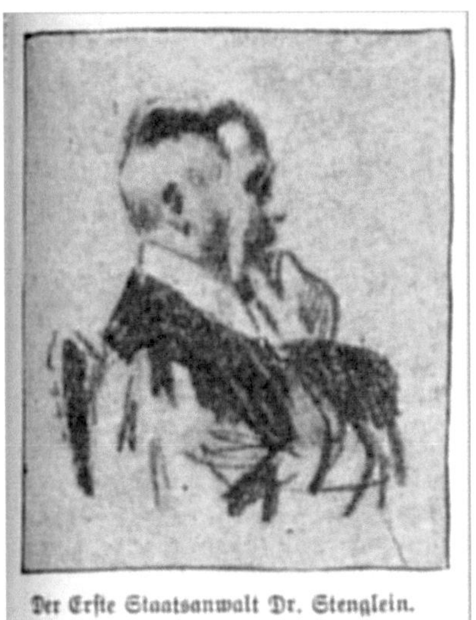

Der Erste Staatsanwalt Dr. Stenglein.

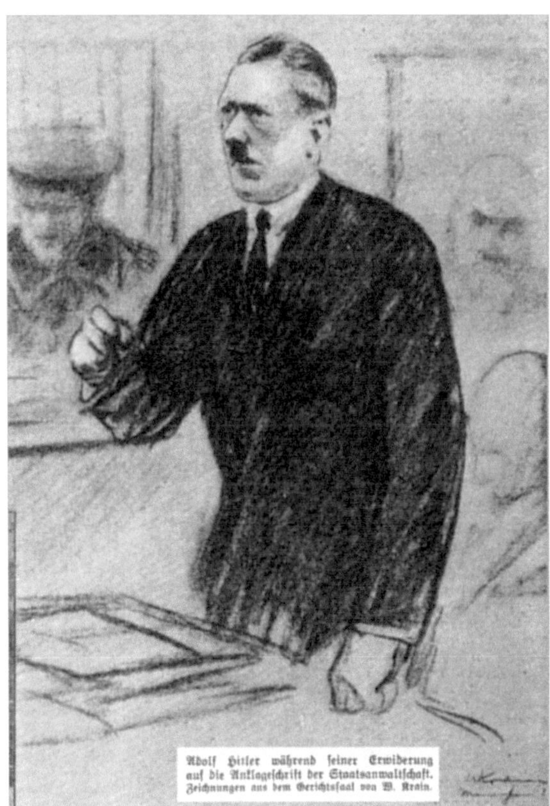

Adolf Hitler während seiner Erwiderung auf die Anklageschrift der Staatsanwaltschaft. Zeichnungen aus dem Gerichtssaal von W. Krain.

der Nazis tatkräftig mit Pinsel, Stift und Feder attackierte, geriet er sofort nach der Machtergreifung Hitlers in das Visier willfähriger Bürokraten des Terrorstaates. Ihm wurde mitgeteilt: „...Sie haben in den Jahren 1932 – 1933 als Pressezeichner für DEN WAHREN JACOB Ihrer Gesinnung und Ihrer Einstellung gegenüber den Nationalsozialisten und den Führern der NSDAP in derart gemeiner Weise Ausdruck gegeben, daß es nicht verantwortet werden kann, Sie heute noch weiter als geistigen Gestalter der Presse zuzulassen. Gerade Leute Ihres Schlages waren es ja, die glaubten, den Kampf gegen die nationalsozialistische Weltanschauung mit den plumpesten Mitteln gemeiner ‚Karikaturen' bekämpfen zu können. Für solche Leute ist heute kein Platz mehr in der deutschen Presse..." Willibald Krain erhielt Berufsverbot.

Ich vermute, daß auch die meisten der, die Nazis und Militaristen kompromittierenden, Originalzeichnungen, die sich noch in den „gleichgeschalteten" Verlagshäusern befanden, vernichtet wurden. Deshalb können hier zum Teil nur noch ganz wenige Reproduktionen wiedergegeben werden. So zum Beispiel das auf dem Titel der „Berliner Illustrirten Zeitung" vom 9. März 1924 veröffentlichte Bild vom Hochverratsprozeß gegen Adolf Hitler, von dem Willibald Krain als Prozeßbeobachter berichtete (s. Seite 5). Oder auch die auf der nächsten Seite abgebildete Zeichnung einer Wahlveranstaltung, auf der vermutlich Rosa Luxemburg aufgetreten ist. Sie stammt ebenfalls von einem Titel der „Berliner Illustrirten Zeitung" aus dem Jahr 1920. Ein großer Teil seiner Werke fiel auch den Zerstörungen des Krieges zum Opfer.

Die nebenstehende Zeichnung, die kurz vor der Machtergreifung der Nazis im „Wahren Jacob" veröffentlicht wurde, begründete u.a. das gegen ihn verhängte Berufsverbot. Die Nazis und ihre zahlreichen Mitläufer und Helfer haben für die systematische Vernichtung von Originalen dieser Art gesorgt.

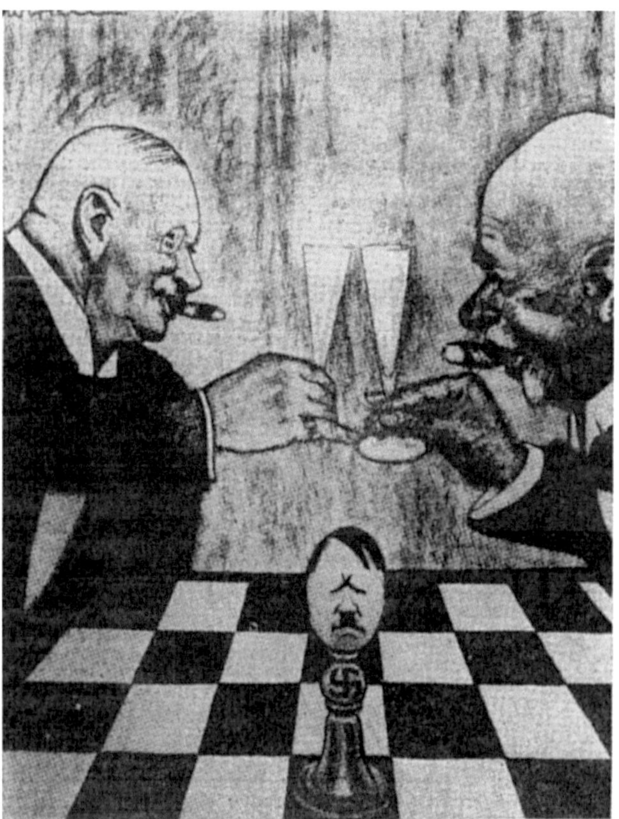

„Na, dann Prosit, Herr Generaldirektor, auf ein glückliches neues Spiel!"
(Willibald Krain, Der Wahre Jacob, Berlin 31. Dezember 1932)

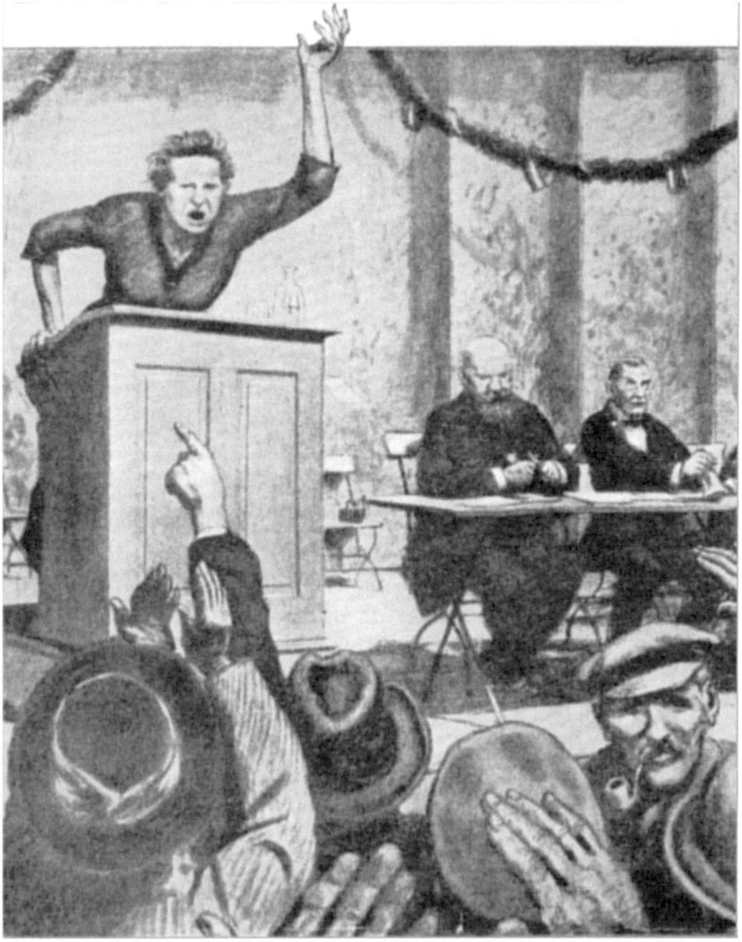

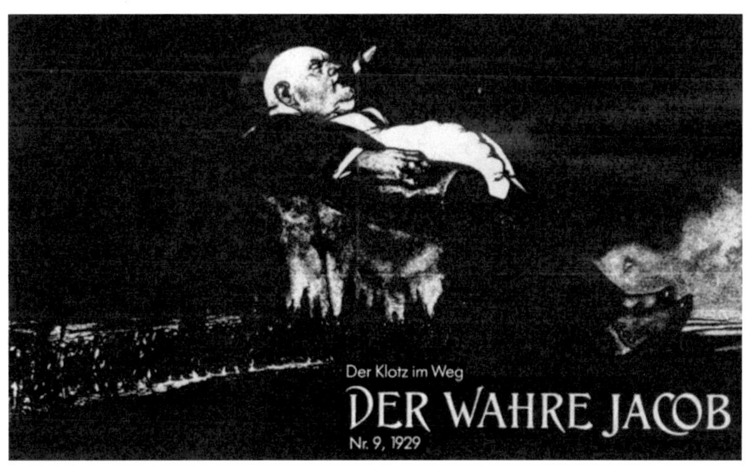
Der Klotz im Weg
DER WAHRE JACOB
Nr. 9, 1929

Ich würde gern an mehr als nur an die von einem Künstlerleben überlieferten Werke erinnern können. An Anekdoten zum Beispiel, die es bestimmt gegeben hat; von seiner Studienzeit an der Kunstakademie in München; wie er mit 21 Jahren meine Großmutter kennen gelernt hat; von seinen Begegnungen mit Künstlern der Zeitschrift „Jugend"; von der ersten Luftschifffahrt von München nach Berlin; von seiner Vorstellung von Kindererziehung; von der Geburt meines Vaters (am 16. April 1912), die ihn zum Glück daran hinderte, an der Jungfernfahrt der Titanic teilzunehmen; von seiner Freundschaft mit Heinrich Zille; seinen Begegnungen mit Politikern der Weimarer Republik.

War er ein fröhlicher Mensch? War er ein Optimist? Hätte ich mich mit ihm gut verstanden? – Ich weiß es leider nicht. Ich wüßte es aber gern.

Die wenigen Werke, die mir mein Vater von meinem Großvater hinterlassen hat, erzählen mir allerdings noch eine ganze Menge: Willibald Krain war ein begnadeter Künstler, er hatte Spaß und Freude an seinem Beruf, liebte die kleinen Details, ohne deshalb pedantisch zu sein. Er war ein politisch denkender, kritischer Mensch, der soziale Ungerechtigkeiten genauso thematisierte wie Bigotterie und die Sinnlosigkeit jeder militärischen Vernichtungs-„Logik".

Daß ich eine ganze Serie von Darstellungen menschlicher Unzulänglichkeiten aus seiner Feder besitze, die er liebevoll auf die Schippe genommen hat, freut mich ganz besonders.

Die Alltäglichkeiten, mit denen er sich beschäftigte, sind zeitlos genug, daß man sie auch in unseren Tagen gut nachvollziehen kann.

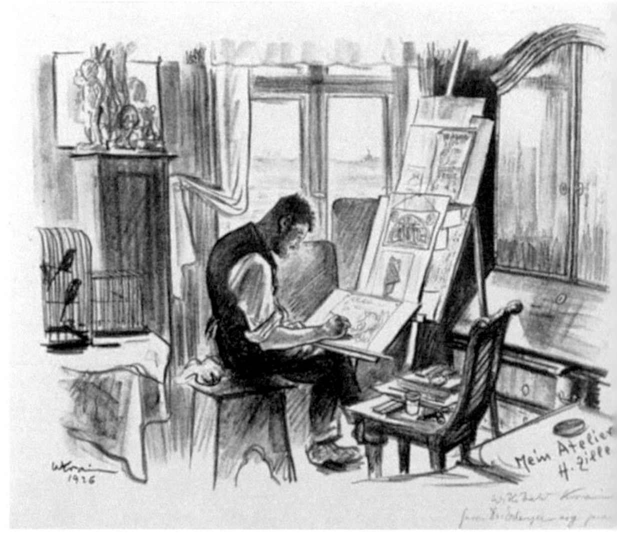

Willibald Krain besucht Heinrich Zille in dessen Atelier und

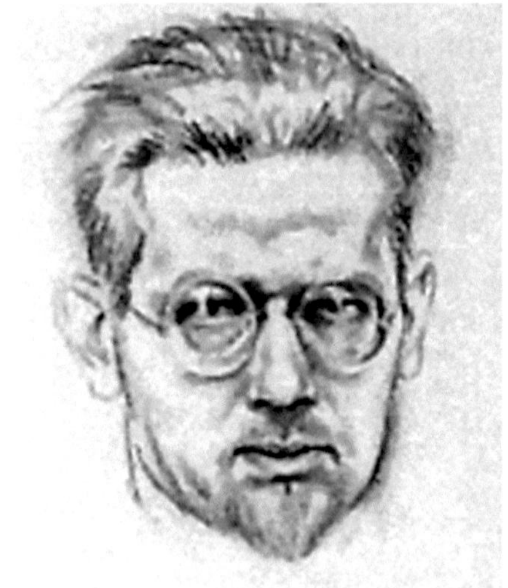

Willibald Krain: Selbstbildnis 1927 (Kohlezeichnung)

8

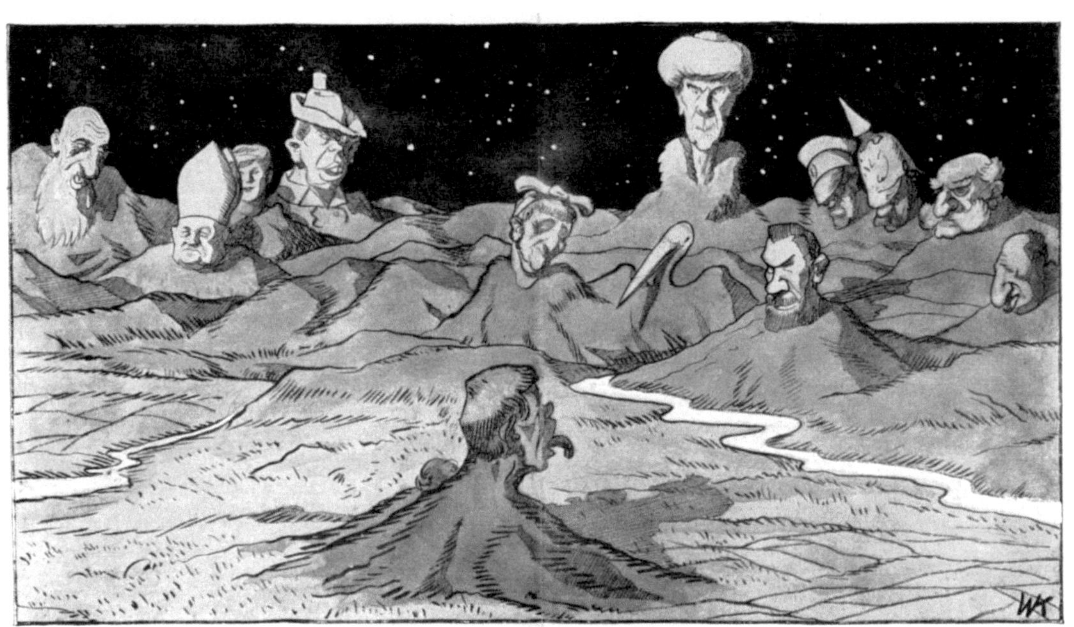

Schlesische Berge 1916 aus. Paul Keller, *Das Königliche Seminartheater und andere Novellen*

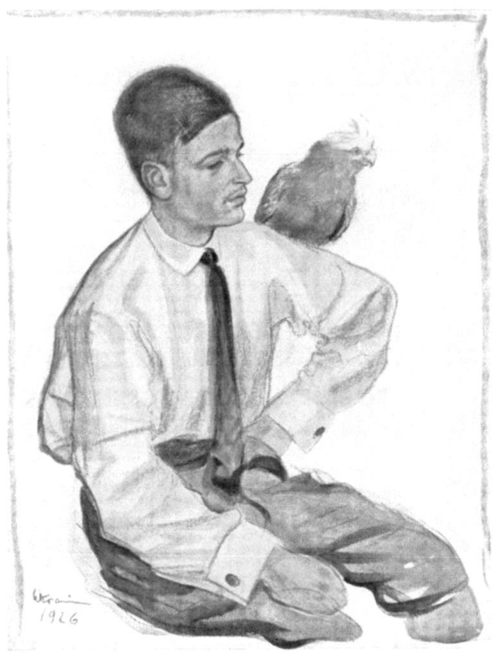

Willibalds 14jähriger Sohn Klaus mit Kakadu 1926

Herr und Frau Ploppke

Hier stellen sich dem Leser vor
Regine und ihr Theodor.
Sie sind, der Anblick zeigt es klar
Ein altbewährtes Ehepaar.

Wenn Sie schon mal zu Ploppkes kamen,
so sah'n Sie unter Glas und Rahmen
ein Bild, das Sie gewiß bewundert:
Dies Mädchenbildnis, schlank und zart,
stammt zwar nicht aus der Gegenwart,
doch aus dem nämlichen Jahrhundert.
Es ist Frau Ploppke, schüchtern, traut,
Frau Ploppke als Herrn Ploppkes Braut
Mit Veilchentuffs und reich bebändert.
Sie finden Sie doch nicht verändert?
Zwar pflegt sich oft im Eheleben
Der Frauen Schüchternheit zu geben,
doch sie versteh'n sich wie zuvor
Regine und ihr Theodor.
Denn sie bedenkt in einem fort
Was seinem Glück am besten diene.
Wohl hat er stets das letzte Wort,
doch dieses Wort heißt „Ja, Regine!"
Je nun, ein Mann, der nie negiert,
der wird „autoritär" regiert.

Was das für nette Leute sind,
das werd' ich Ihnen gerne schildern
in einem heit'ren Film von Bildern,
der unvermittelt hier beginnt!

Willibald Krain

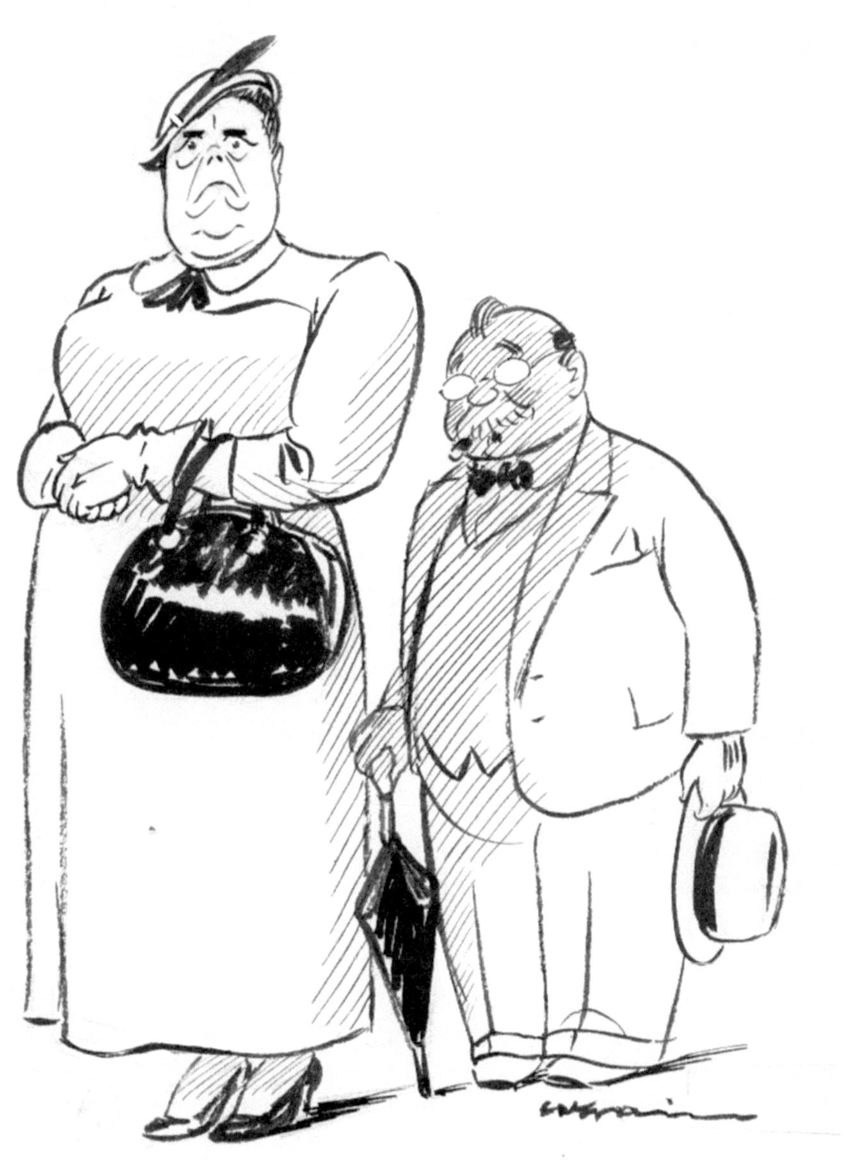

Regine und Theodor Ploppke

Der böse Zahn

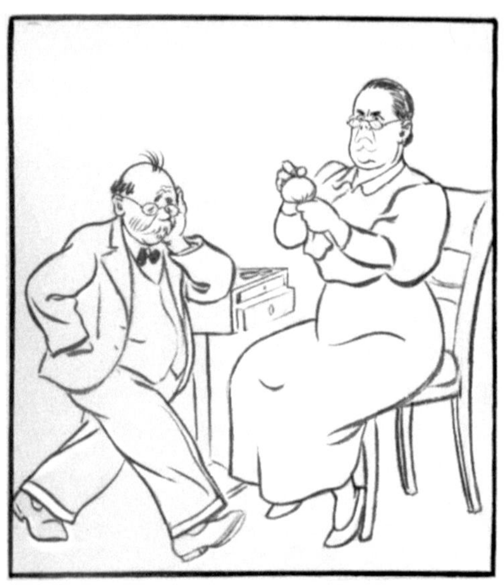

„Mich quält", sagt Theo, „heut' mein Zahn!"
Den Blick verzerrt des Schmerzes Wahn...

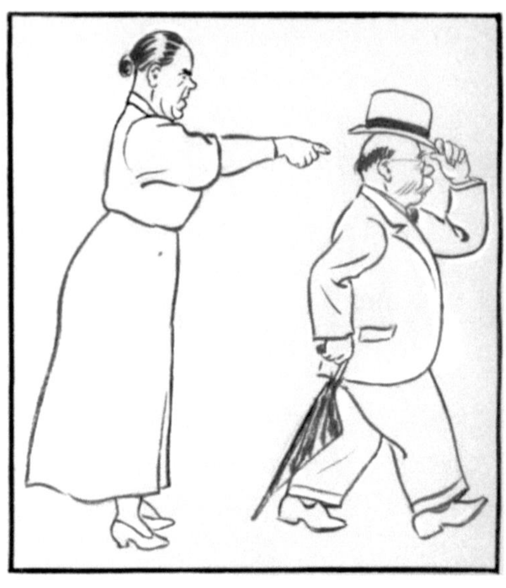

„Sofort zum Zahnarzt!" ruft Regine.
(Hierzu verzieht er keine Miene).

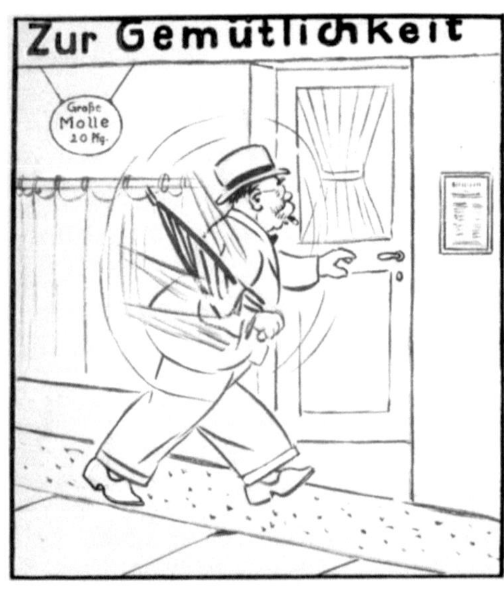

Doch unter uns: Er ist gesund!
Er sucht nur mal 'ne ruh'ge Stund'...

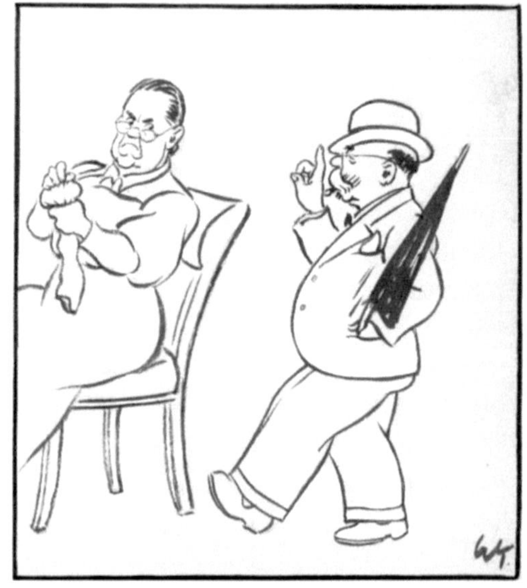

Froh kommt er heim: „Jetzt ist mir wohl!"
Es half: paar Tropfen Alkohol!

Beim Wäscheziehen

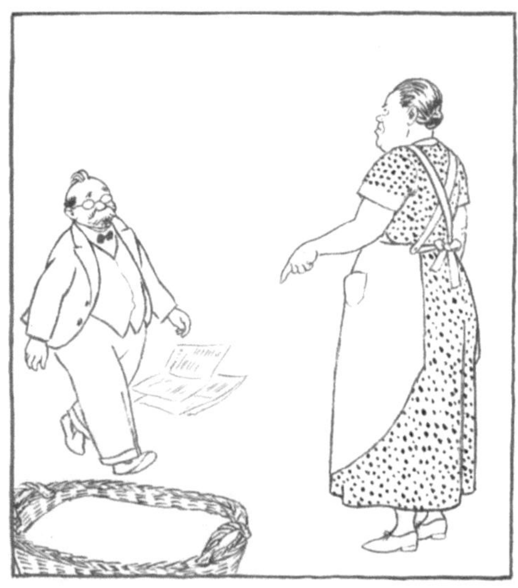

Eines Tages rief sie ihn:
„Theo, jetzt mußt Du Wäsche zieh'n!"

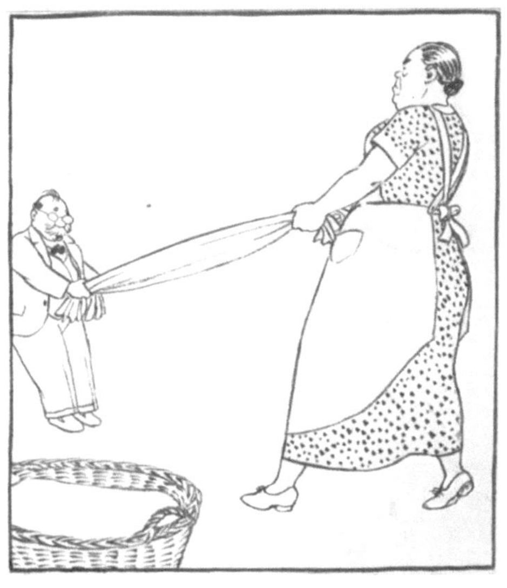

Stramm packt sogleich der brave Mann
Den Linnensaum zum Zupfen an.

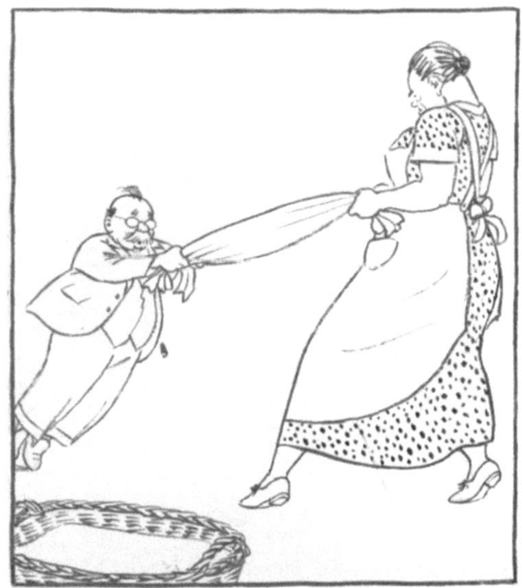

Sie steht wie ein „rocher de bronce".
Doch er verliert bald die Balance.

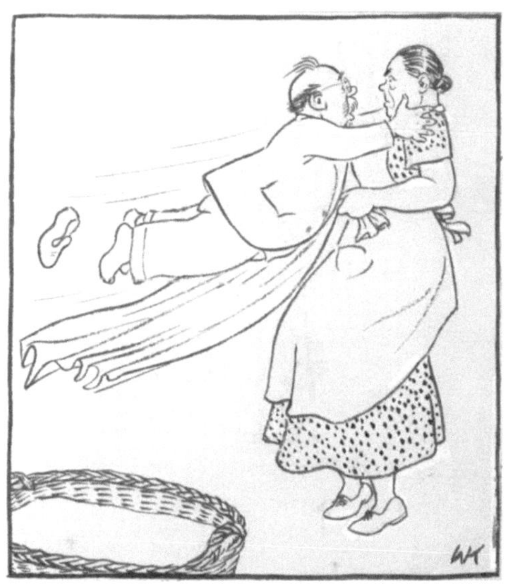

Das Wäschezieh'n hat kein Gewicht,
Wenn einer zieht, der andre nicht!

Die Versöhnung

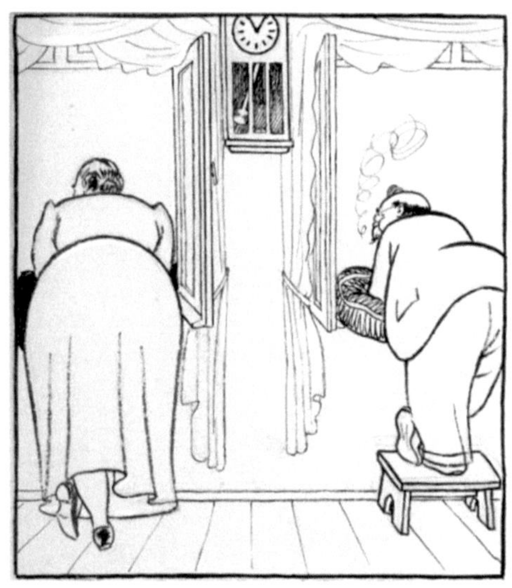

Nach einem ehelichen Streite
Regine blickt erzürnt zur Seite.

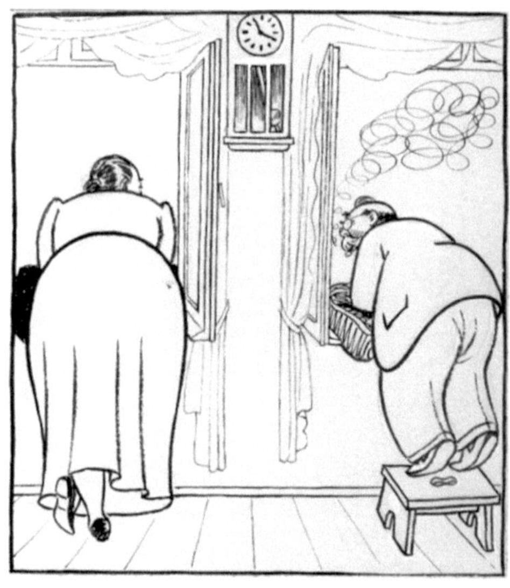

Der Theo denkt: jetzt schaut sie her.
Hurrah! Regine zürnt nicht mehr!

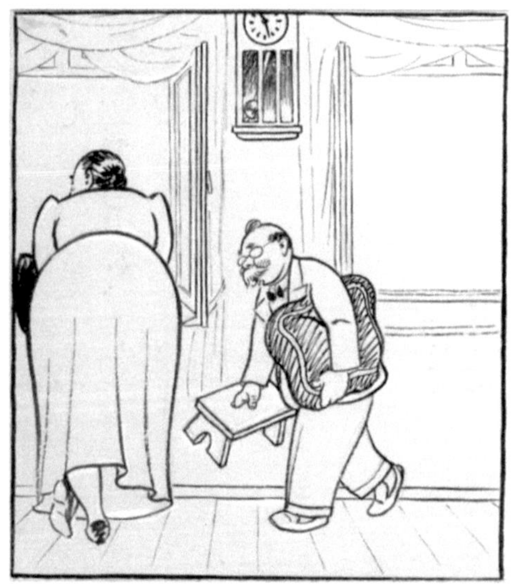

Jetzt wird es Zeit, will Theo scheinen,
sich mit der Gattin zu vereinen.

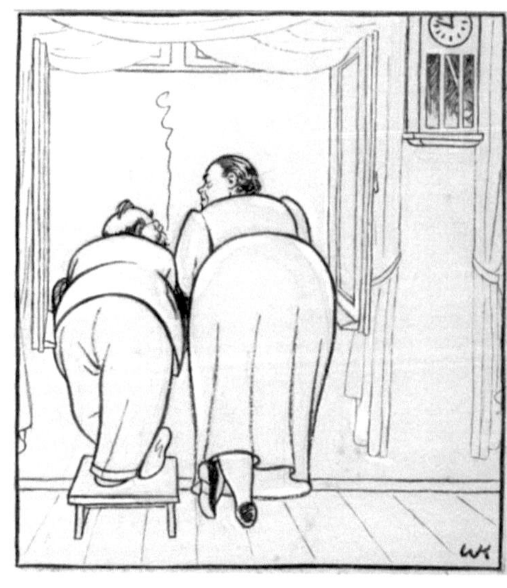

Der Ehefrieden ist so nett:
Ein Herz–ein Sinn – ein Fensterbrett

Hausgymnastik

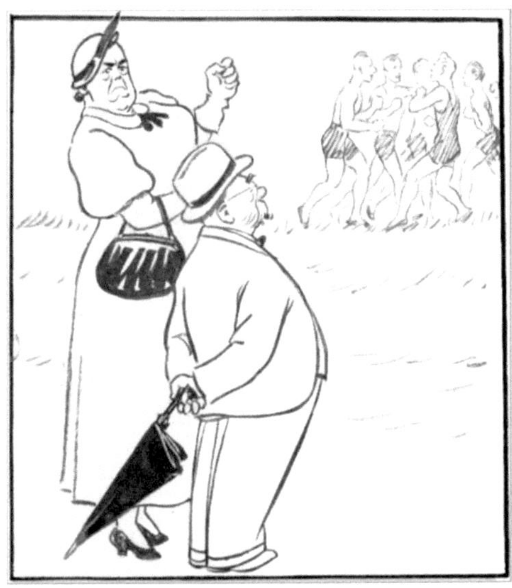

Beim Frühsport straft Regine
den Theo mit Verachtungsmiene.

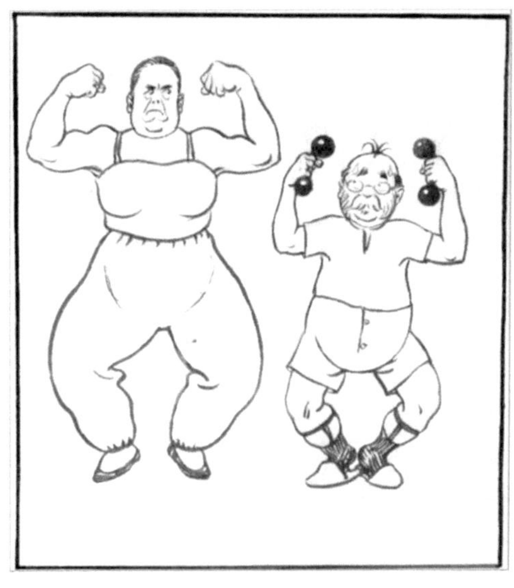

Sie ordnet Turngymnastik an,
denn sie will einen starken Mann.

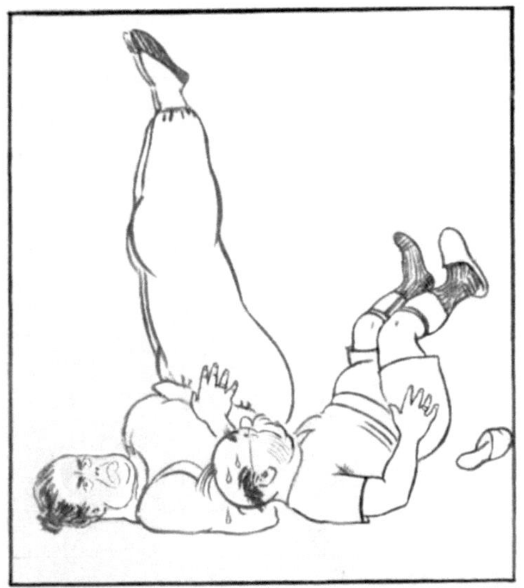

Regine schafft die Kerze stramm.
Bei Theo sind die Muskeln klamm.

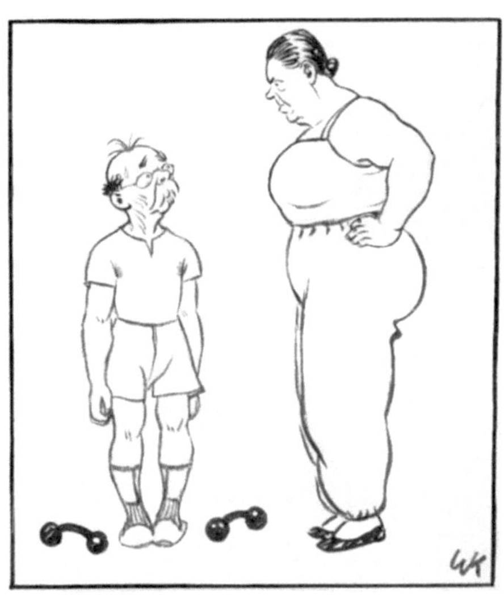

E i n Bauch ist weg. (Es geht auch
ohne.)
Regine aber – bleibt „Kanone"!

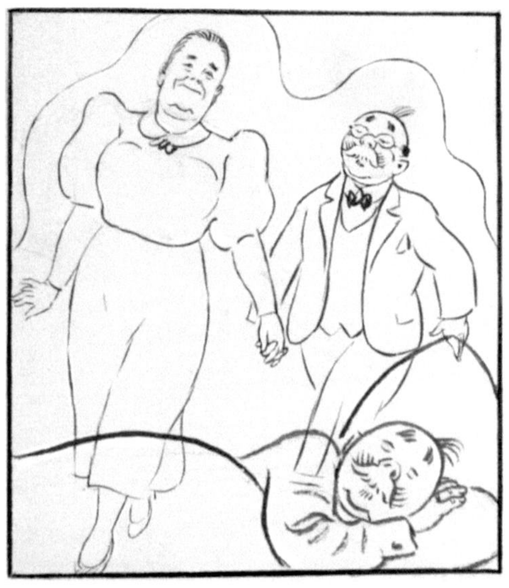

Der Theo träumt, Regine wär'
ein Engelskind, so ungefähr:

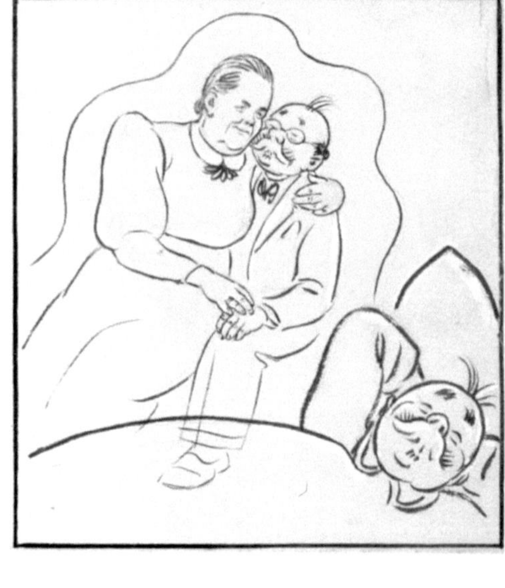

So sanft, so lieb, so voller Charm!
Sie hielt' ihn zärtlich still im Arm...

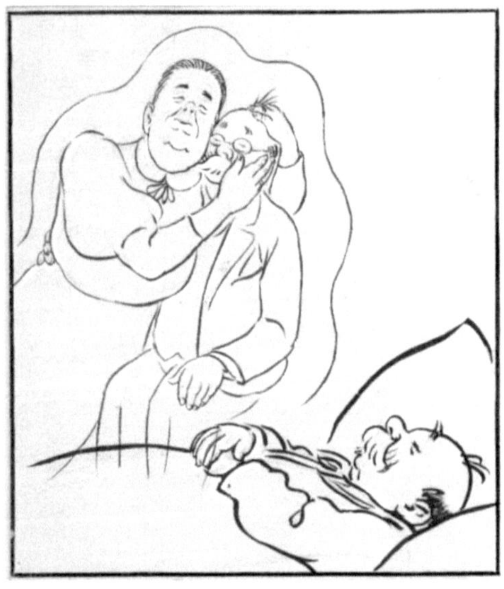

Sie spräch' kein hartes Wort zu ihm!
Sie wär' ihm Freundin, nah, intim...

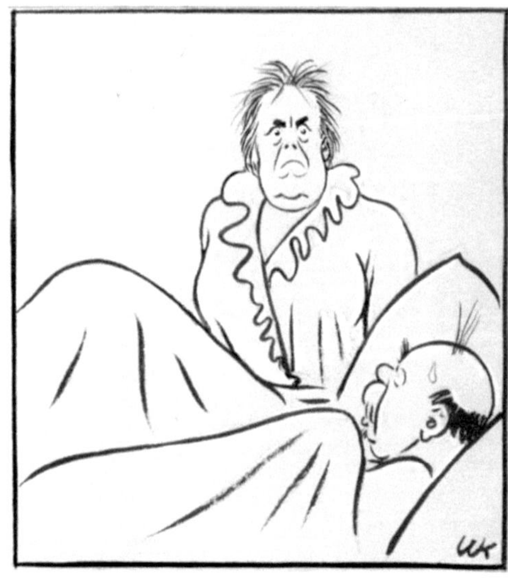

Theo erwacht, noch hell die Miene –
Ein Blick genügt ihm dann: Regine!

Der Schmetterlingsfang

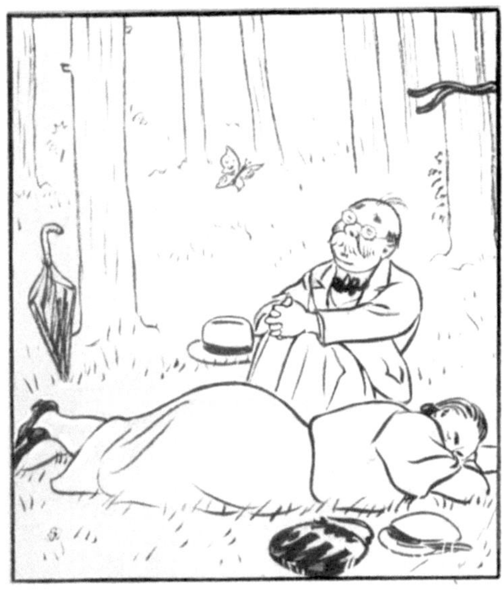

Regine schläft in Waldesruh.
Theo schaut bunten Faltern zu.

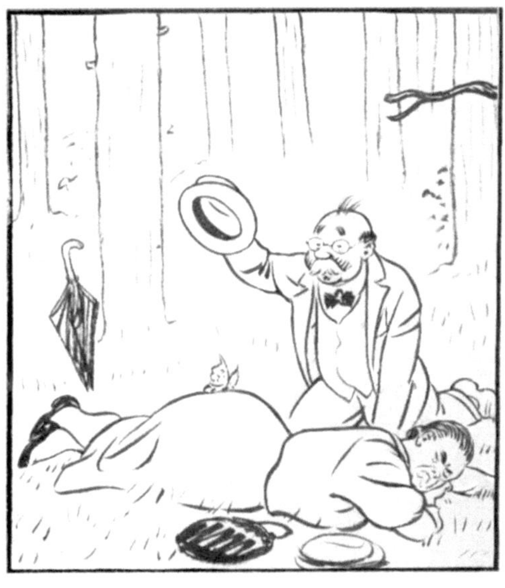

„Ahh", strahlt er plötzlich durch die Brille.
„Ein Fuchs! Reginchen halt mal stille!"

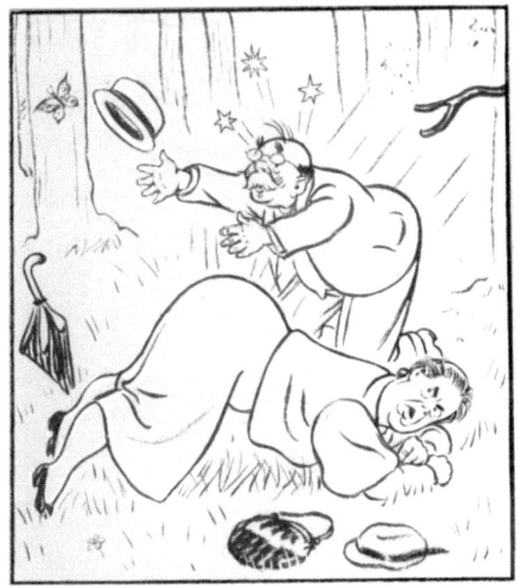

Der Fang gelingt – doch wie 'ne Mine
Saust rücklings hoch empor Regine.

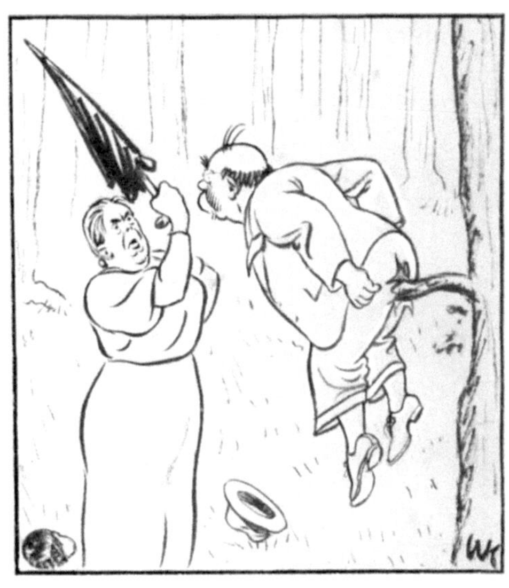

„Dir wird' ich helfen ‚Falter fangen'!" –
Dem Theo brennen alle Wangen...

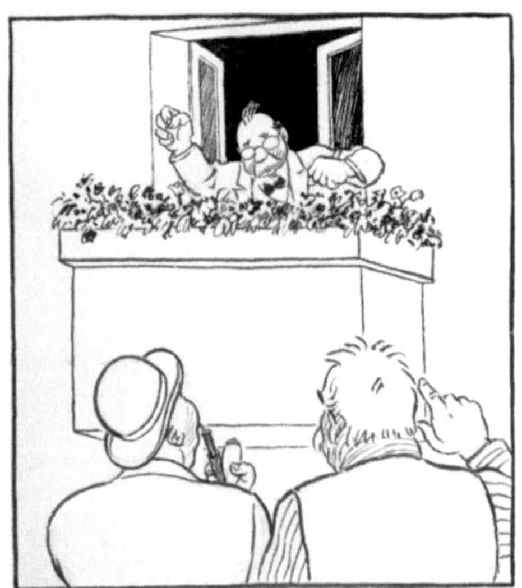

„Schluß mit dem Weib als Haustyrann!"
ruft Ploppke, dieser sanfte Mann.
Rebellenworte hört man rauschen.
Zwei Leidsgefährten steh'n und
lauschen.

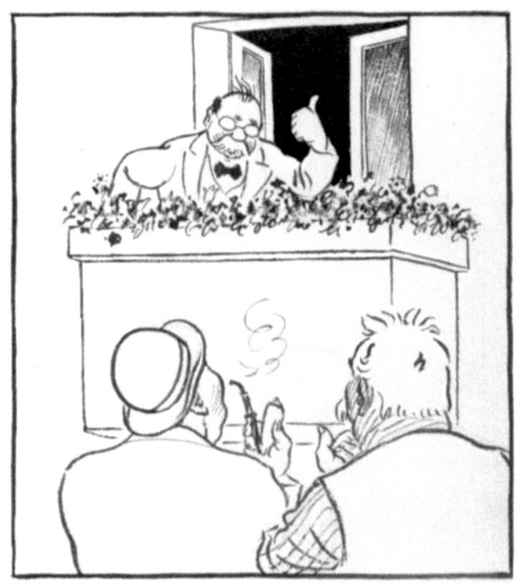

„Ich frage Euch, wie lange noch
erdulden wir des Weibes Joch?"
Und Theodor, das gute Lamm,
entwickelt kühn ein Kampfprogramm.

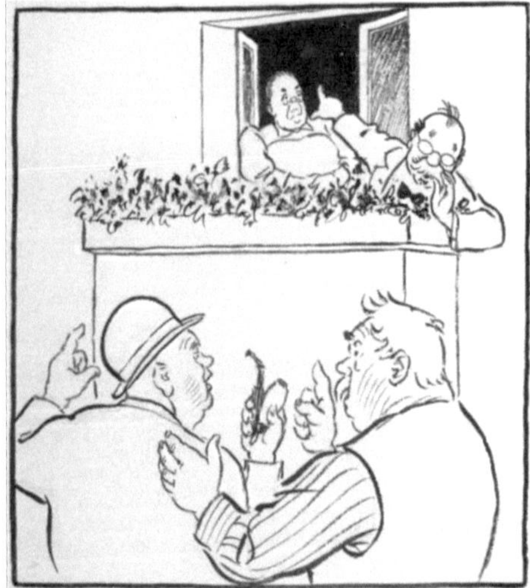

„Auf! Brüder, schließet fest die Reih'n!
Die Knechtschaft falle – im Verein!
Der Trutzverein, er werde Tat!"
(Er merkt nicht, daß Regine naht...)

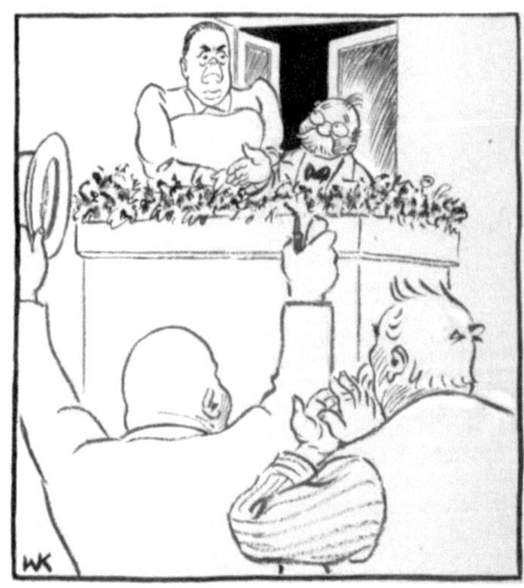

„Sei unser Vorstand!" klingt's im Chor.
Da schiebt sich Frau Regine vor.
„Gern –" schielt er, „wird' ich Euer Haupt!
Wenn's meine l i e b e Frau erlaubt..."

Regine wird mal überlistet

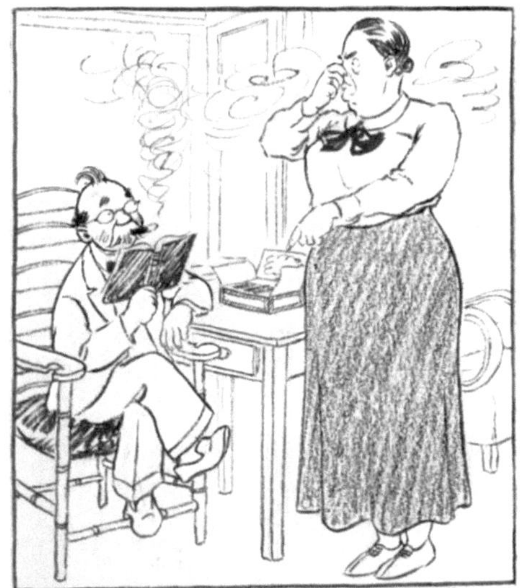
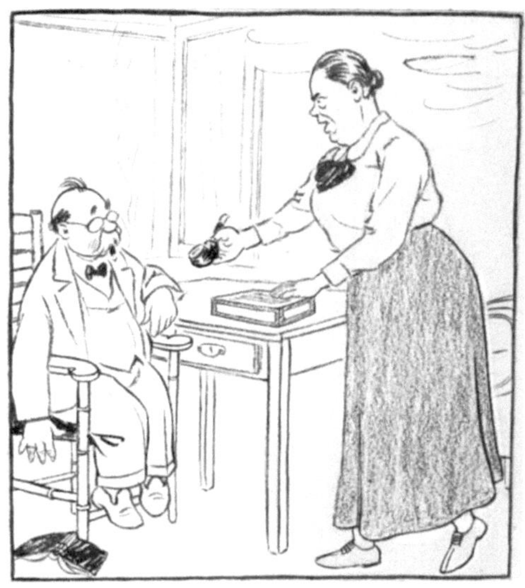

„Pfui, Theo", spricht Regine laut
und mit verachtungsvollen Gesten –
„Was rauchst Du heute für ein Kraut!
Wie kannst Du so die Luft verpesten!"

„Du bist ein Mann, und ich begreife,
daß Du mitunter rauchen musst.
Doch nicht Zigarre, sondern Pfeife.
Die legt sich nicht so auf die Brust."

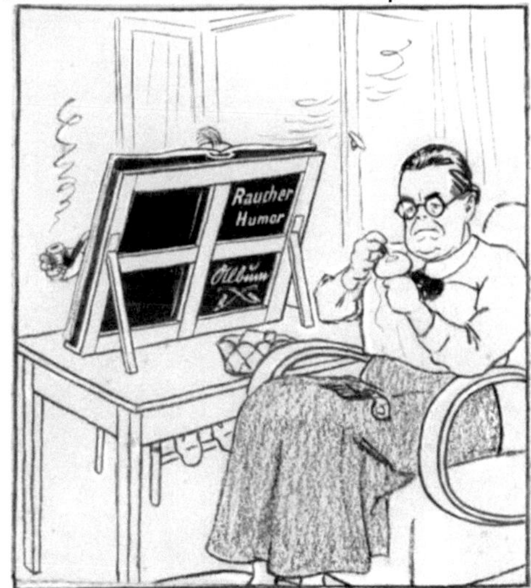

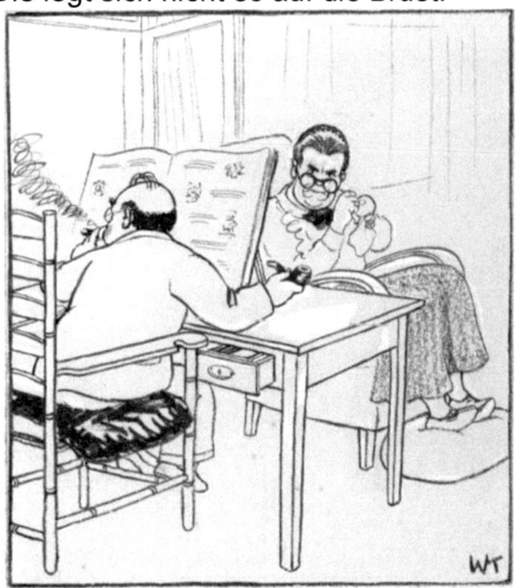

Durch jahrelanges Eheleben
reich an Erfahrung und Geduld
zeigt Theodor kein Widerstreben.
Still dampft er hinterm Lesepult...

„Na, lieber Theo, jetzt genießt Du
(hell strahlt Regines Angesicht)
das Rauchen doch viel schöner, siehst Du!"
...doch die Zigarre sieht sie nicht.

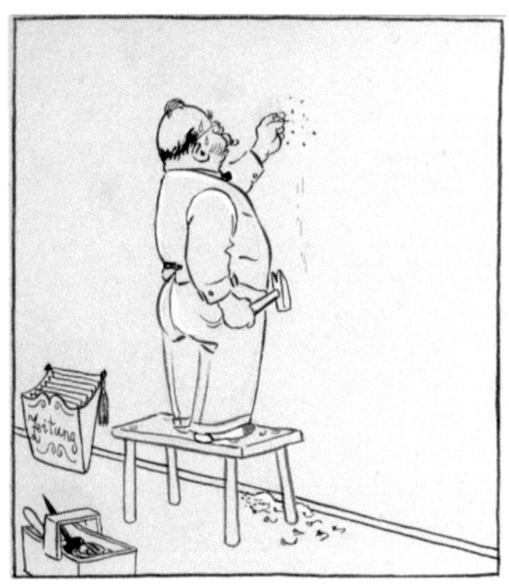

Der Theo will die Zeitung sammeln.
Da muß zuerst die Mappe bammeln.

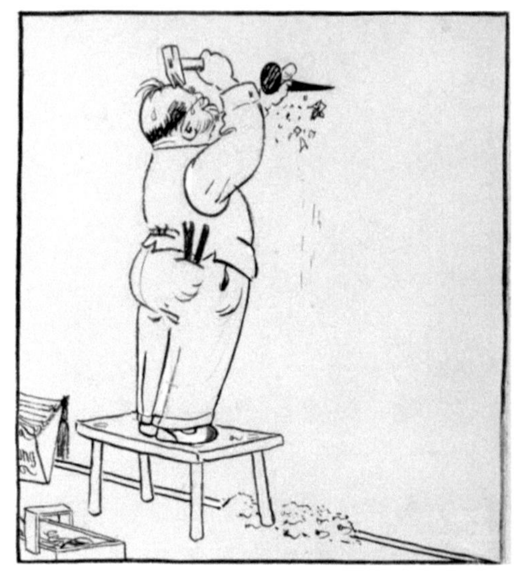

Oh Pech – es trotzt das Wandgestein
wohl einem Duzend Nägelein.

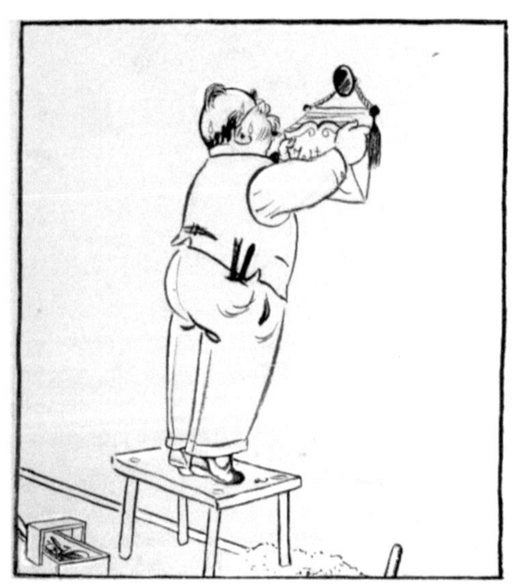

Doch den mit einem Zierratknopf
trifft Mannskraft sicher auf den Kopf...

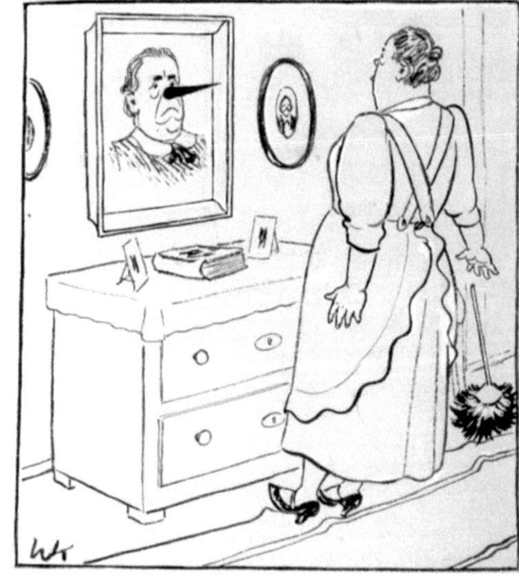

Und niemals vorher ist Reginen
so plastisch ihr Porträt erschienen!

Der Motorrad-Ausflug

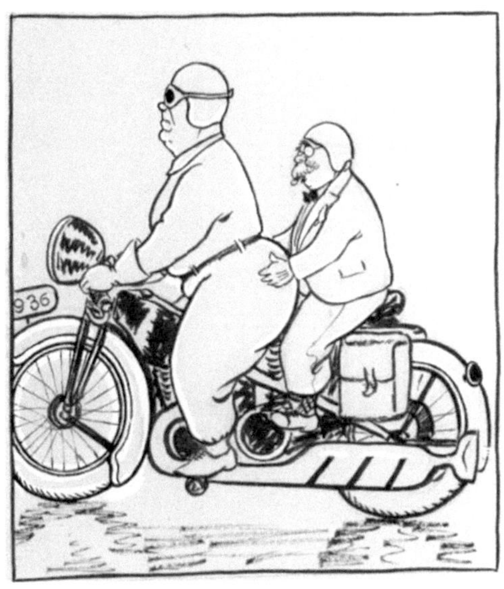

Man hat ein Motorrad gewonnen
und ist dem Staub der Stadt entronnen!

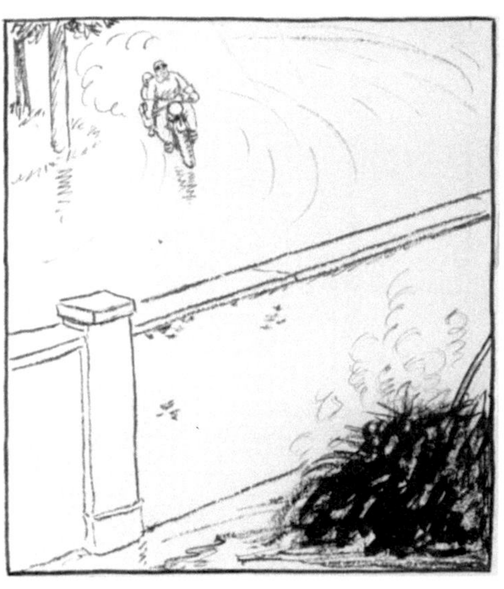

Wie herrlich ist solch Motorrad!
Nur ist die Straße etwas glatt...

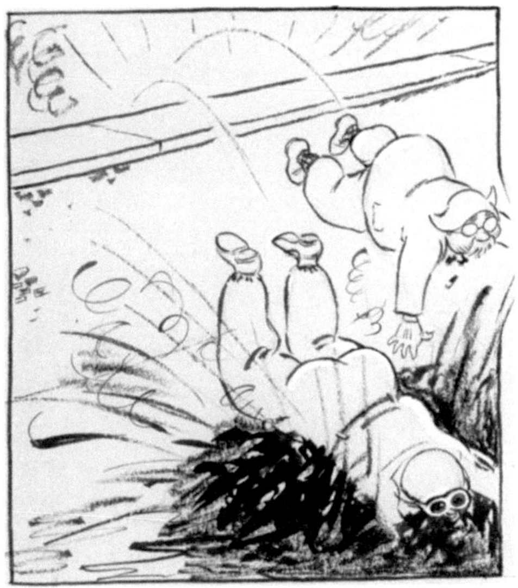

Ein Hemmnis nicht erfreulich ist,
doch dämpft den Sturz ein Häufchen
Mist.

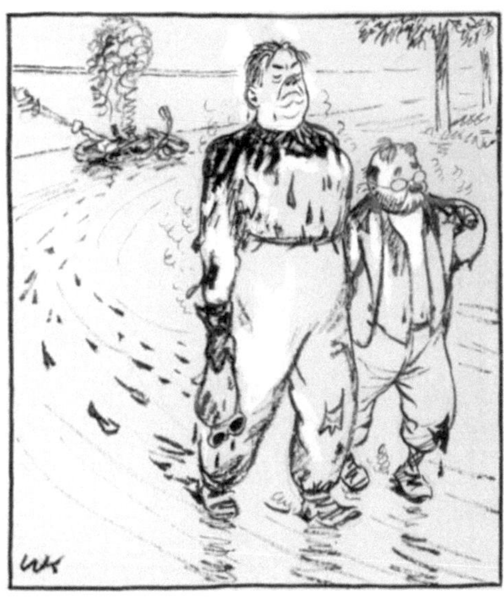

„Wir fahren Motorrad nicht mehr!"
sagt Gine – „Denn das stinkt zu sehr!"

Der beste Koch

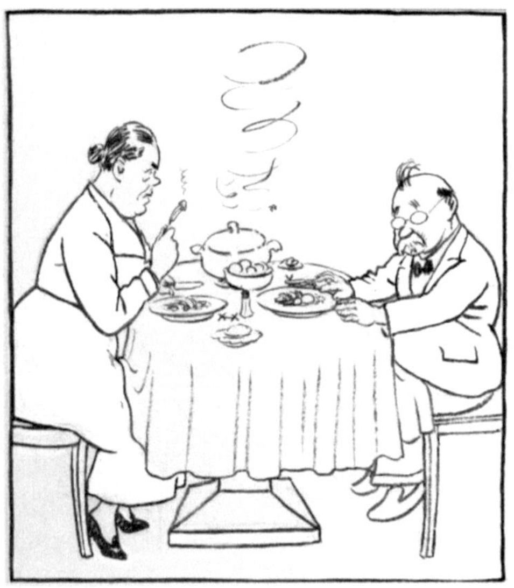

„Dir schmeckt wohl heut' das Essen nicht?
Du bist verwöhnt!" Regine spricht.

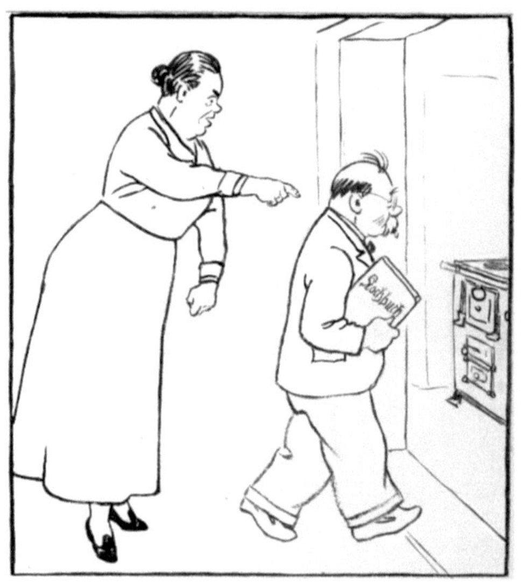

„Vielleicht kochst Du mal heut' das Futter!
Dort hast Du Fleisch und Salz und Butter!"

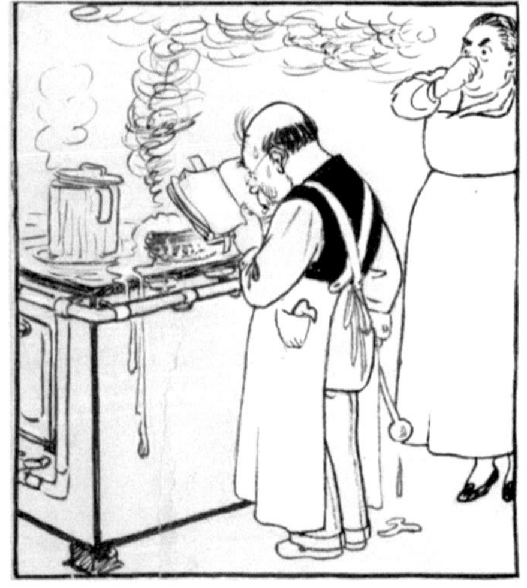

Da steht der Theo in der Küche –
Es steigen peinliche Gerüche...

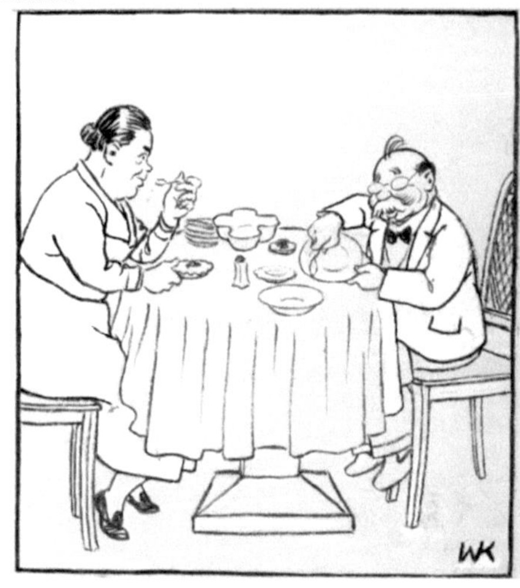

Jetzt sitzt er, reicher an Erfahrung:
Am besten schmeckt doch Mutters Nahrung!

Die böse Katze

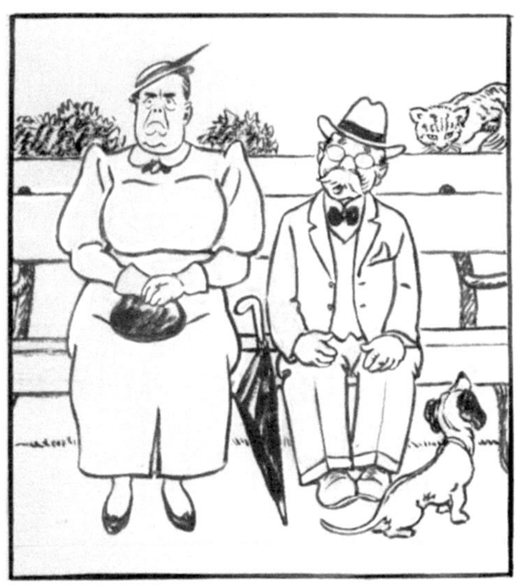

Man sonnt sich friedlich an der Mauer –
Ein Störenfried liegt auf der Lauer.

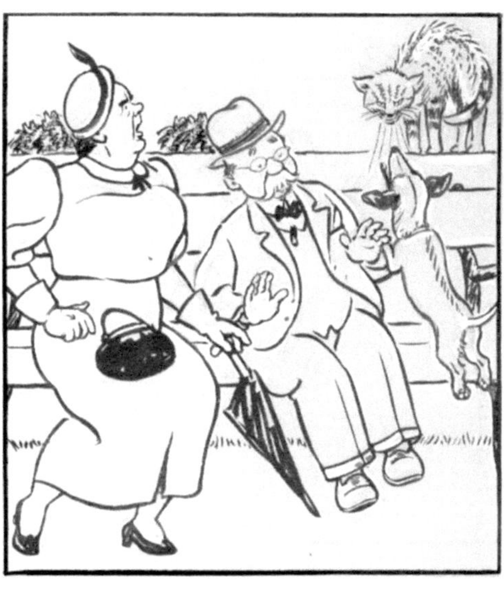

Der Waldi hat den Feind erblickt.
Regine merkt's – Theo erschrickt.

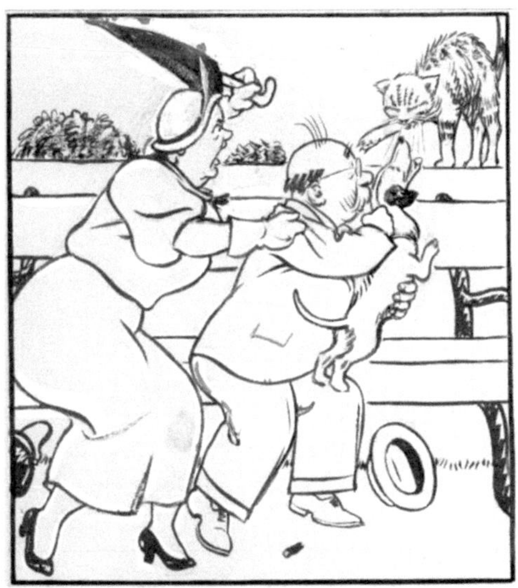

Der Kampf ist nicht mehr zu vermeiden.
Regine lässt den Schirm entscheiden.

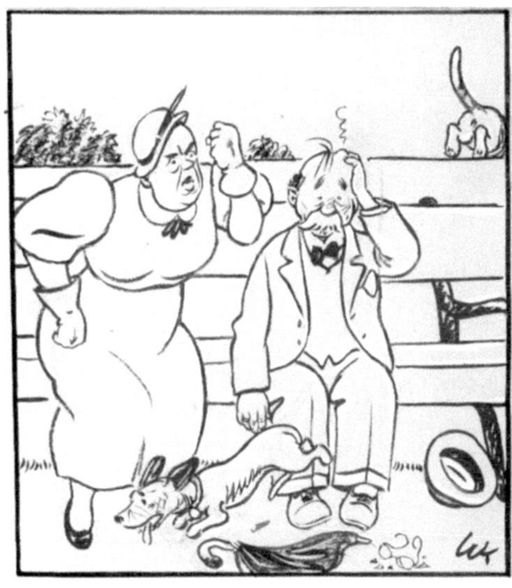

Zerkratzte Wangen, eins auf's Dach –
Und dazu noch Regines Krach...

Die Kahnpartie

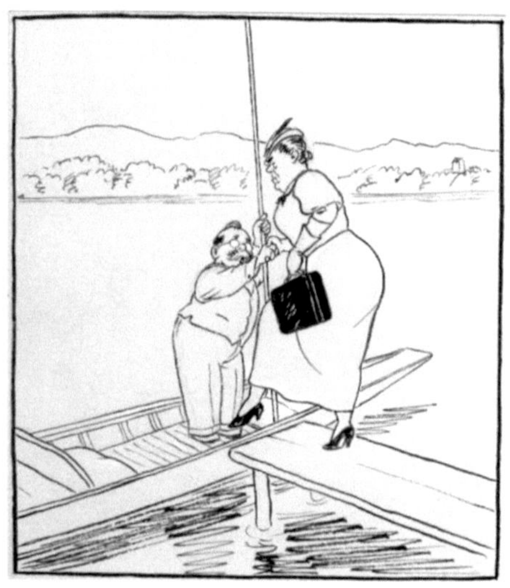

„Wir machen eine Kahnpartie!"
Regines Wort verordnet sie.

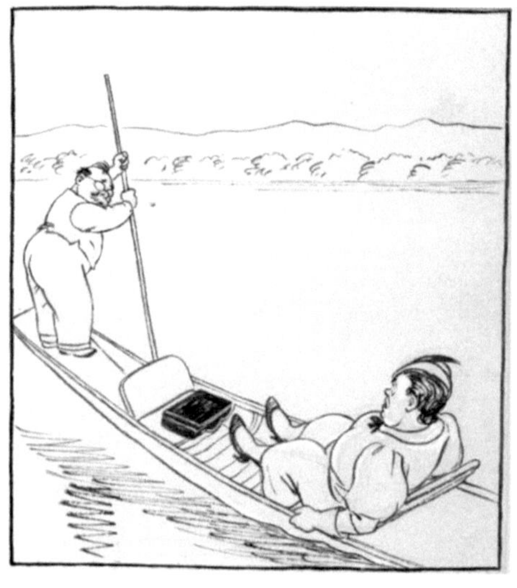

Der Theo stakt in stiller Bahn.
Das Schifflein ist ein Spreewaldkahn.

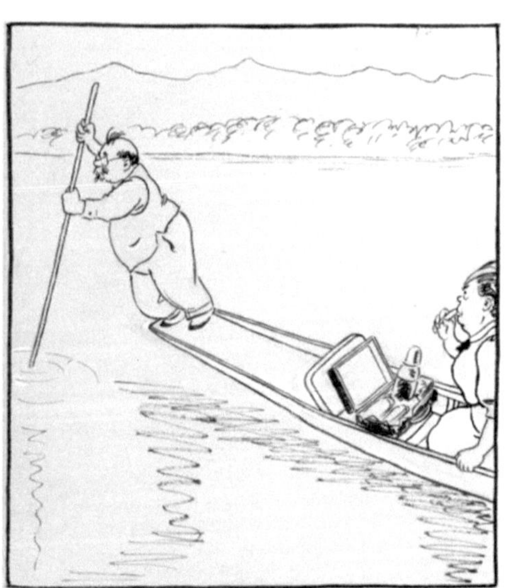

Der Arm ist kurz – das Ruder lang.
Theo perlt Schweiß von Stirn und Wang'.

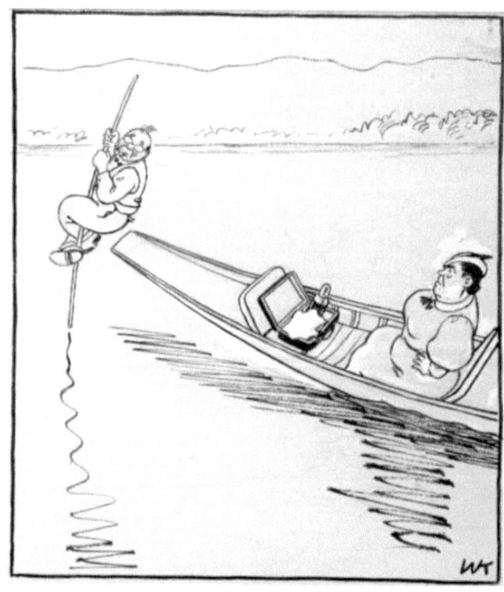

„So ruchlos kann ein M a n n nur sein!
Hilflos lässt er sein Weib allein!"

Der neue Hut

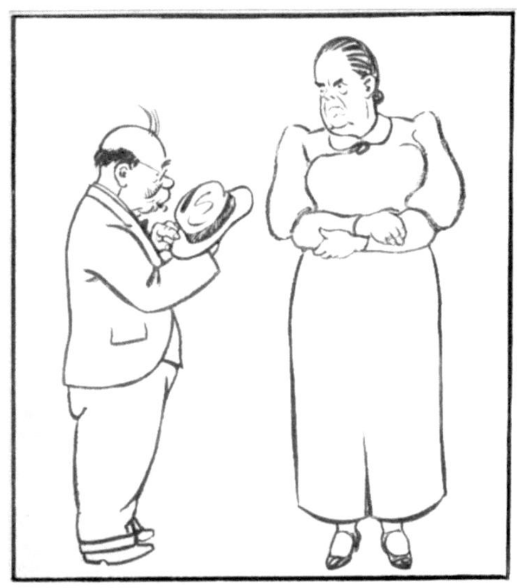

„Ich brauche einen neuen Hut,“
sagt Theo. „Der ist nicht mehr gut.“

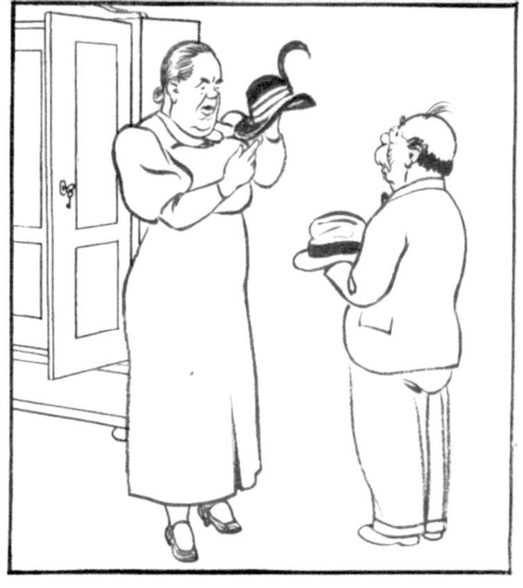

Regine nimmt den ihren vor:
„Da weiß ich Hilfe, Theodor!“

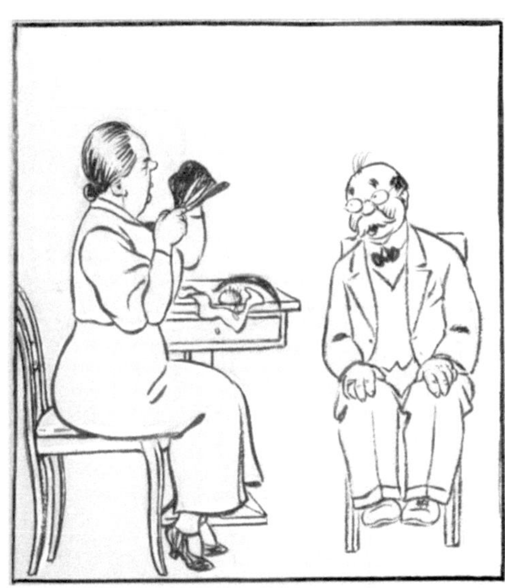

„Ich mache m e i n e n Dir zurecht.
Er passt Dir auch und ist nicht schlecht.

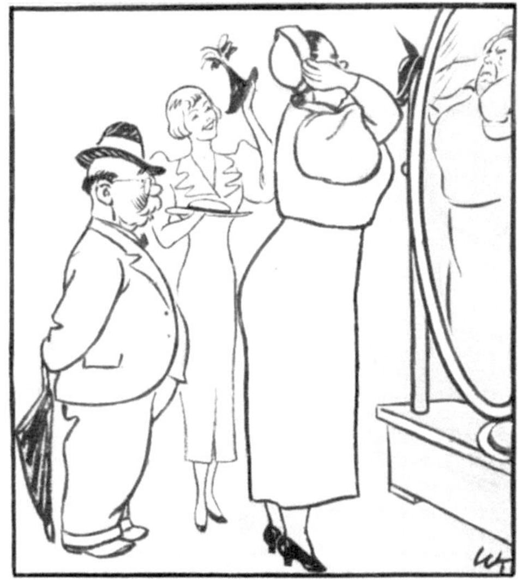

Mit dem wirst Du dich a u c h noch freuen.
Dafür kauf' i c h mir einen neuen!“

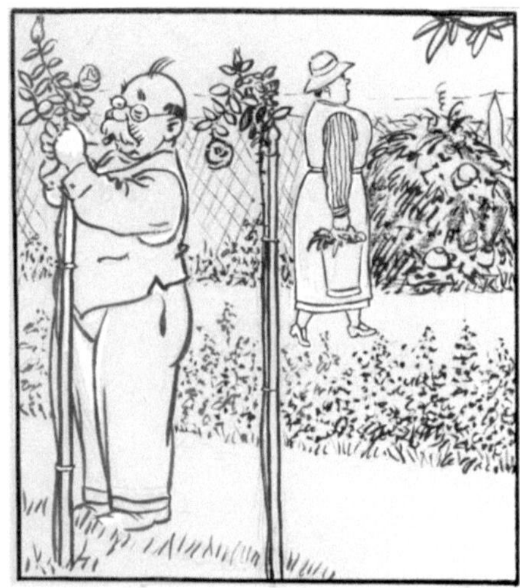

Man werkelt gern im Schrebergarten,
wo viele Gärtnerfreuden warten.
Hier liegt des T h e o s schönste Welt.
Prosaisch ist R e g i n e s Welt.

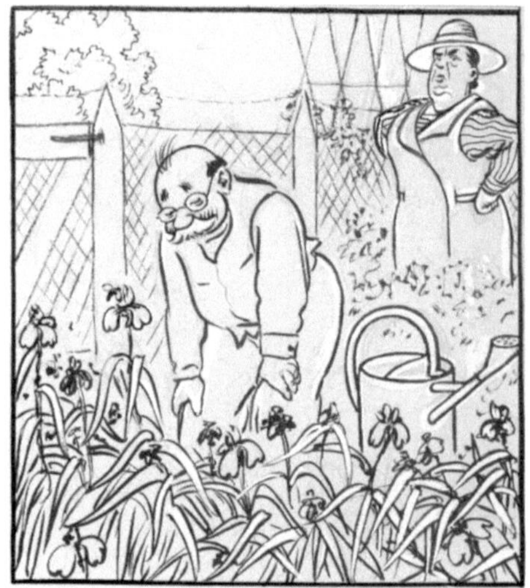

Die Blumenpracht am Gartentor
genießt und gießt gern Theodor.
In allen Blüten summt die Biene...
„Schneid' mal die Gurken!" dröhnt
Regine.

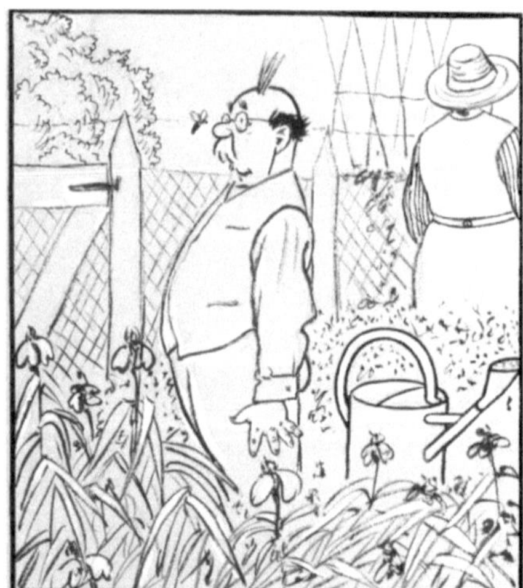

Erschrocken fährt er aus dem Träume
und schreckt dabei aus Kelches Saume
die Biene auf! Und die wird wild –
sie sticht – und Theos Nase schwillt –

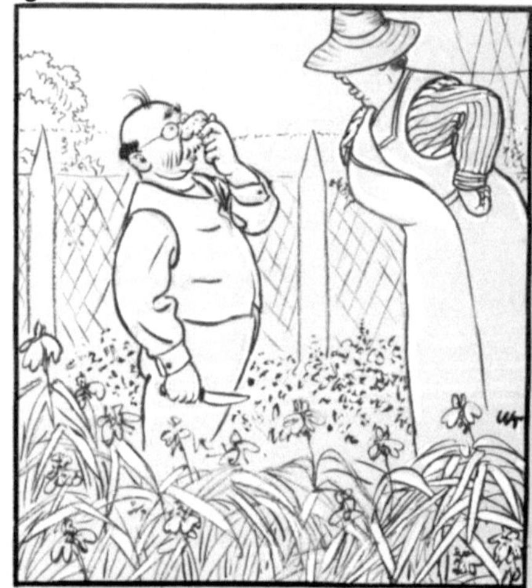

Sie schwillt und quillt – ein dickes Horn –
So steht er vor Reginens Zorn:
„Wo bleibst Du denn, Du alter Schurke?
–
Was soll ich denn mit Deiner Gurke?!" –

Der geschenkte Dackel

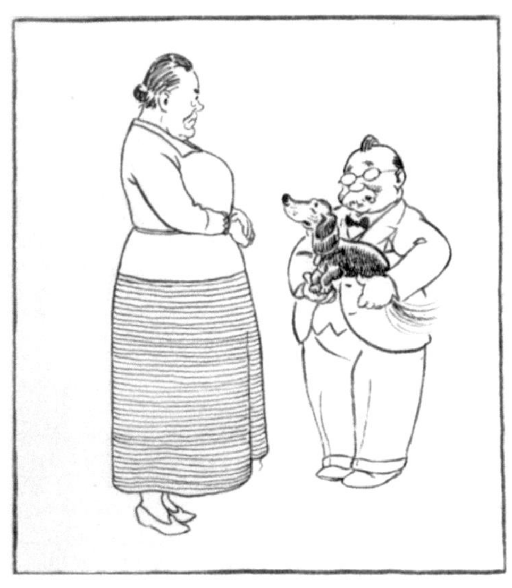

Der Theo bringt als guter Mann
Der Gattin einen Dackel an.

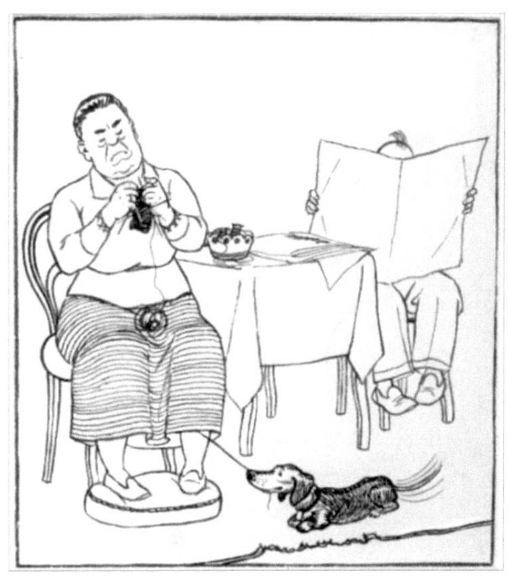

Indes er in die Zeitung blickt,
ist sie in ihren Strumpf – verstrickt.

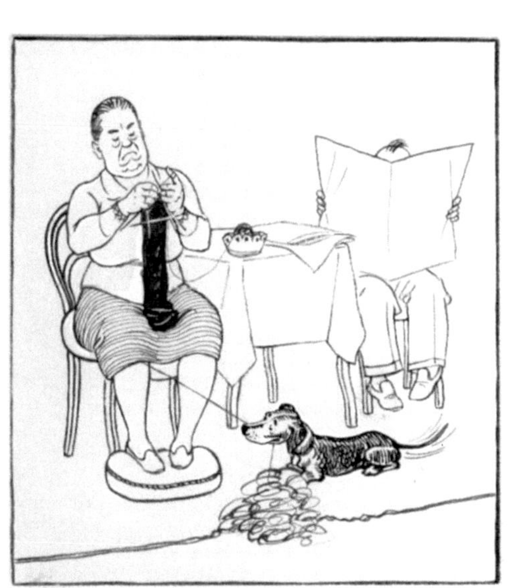

Der Waldi – in bekanntem Drang –
zupft gerne Fäden – – möglichst lang.

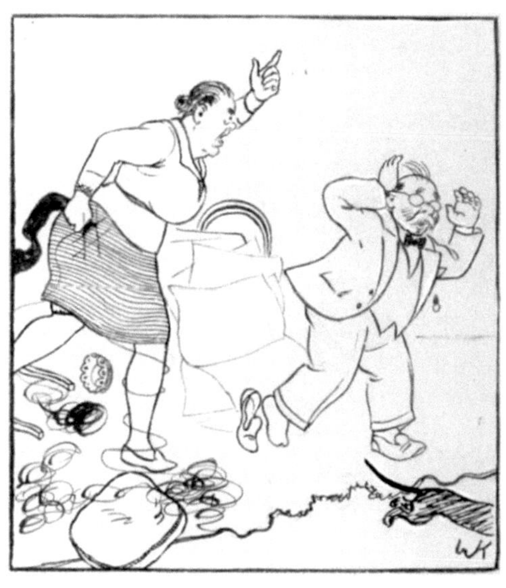

Jetzt spürt Regine kühle Waden –
Theo büßt wieder Schuld und Schaden...

Die verlegte Arbeitsbrille

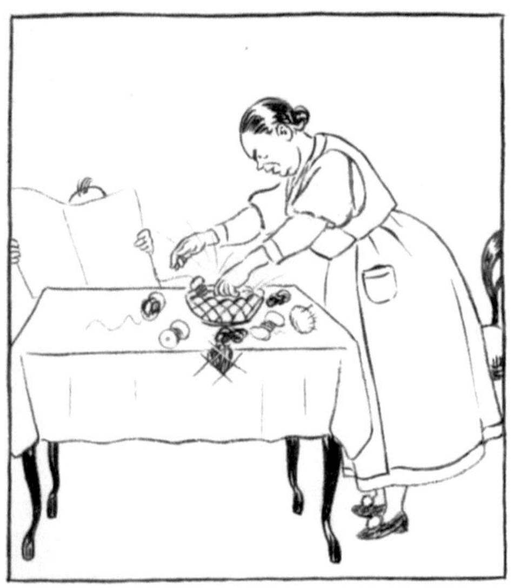

Reginens Ruf klingt durch die Stille:
„Wo ist bloß meine Arbeitsbrille?"

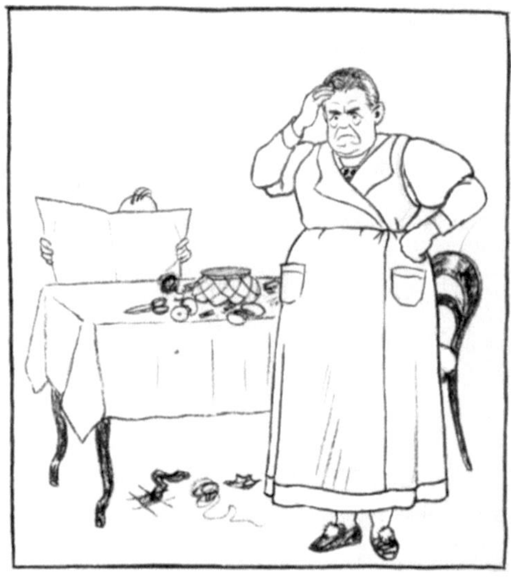

Dem Theo scheint das ganz belanglos.
Er liest die Zeitung und bleibt klanglos.

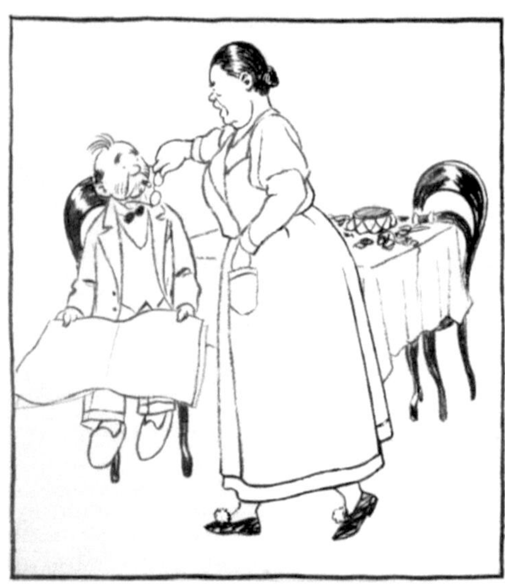

Reginen eignet fester Wille:
„Ich nehm' derweil mal Deine Brille!"

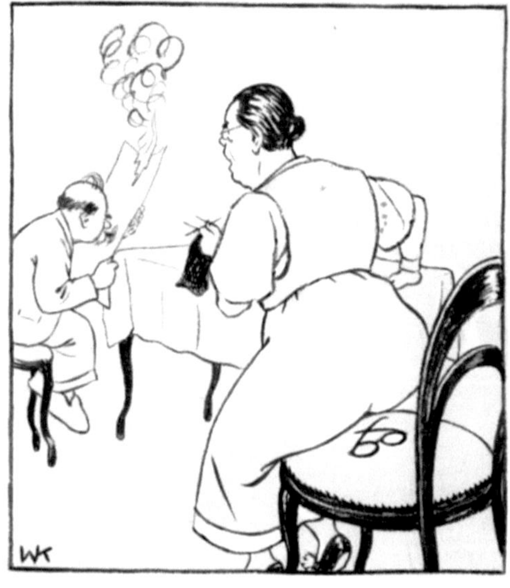

„Mann! Die Zigarre! Sieh' Dich vor!
Hach, bist Du dusslig, Theodor!"

Die Bergpartie

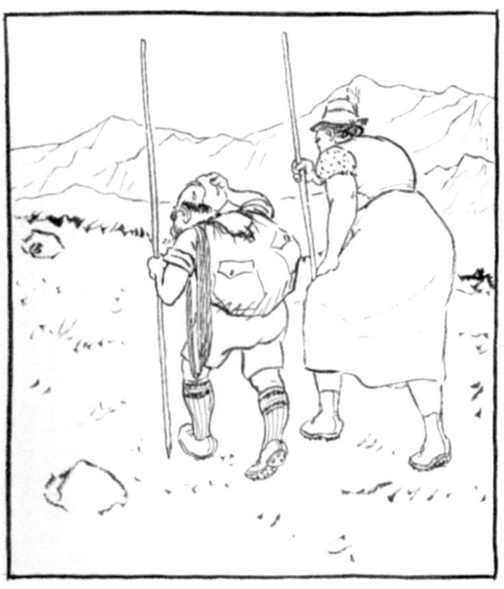

Ein schöner Tag. Die Sonne glüht.
Ein Bergstieg sänftigt das Gemüt.

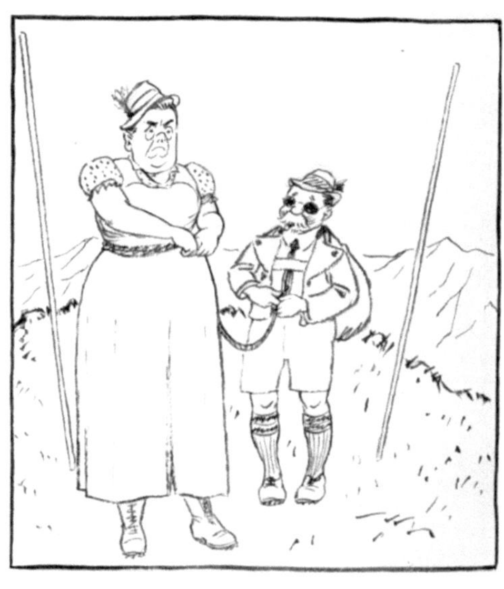

Regine spricht: „Zu Deinem Heil
nehm' ich Dich lieber jetzt ans Seil!"

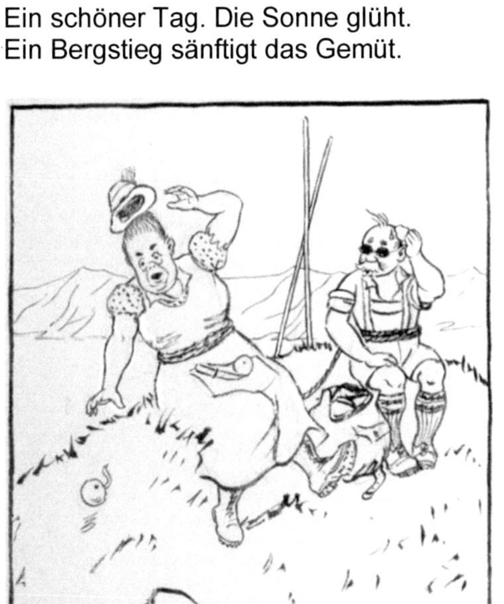

Hier oben tut die Atzung gut.
Ein Windstoß raubt Reginens Hut.

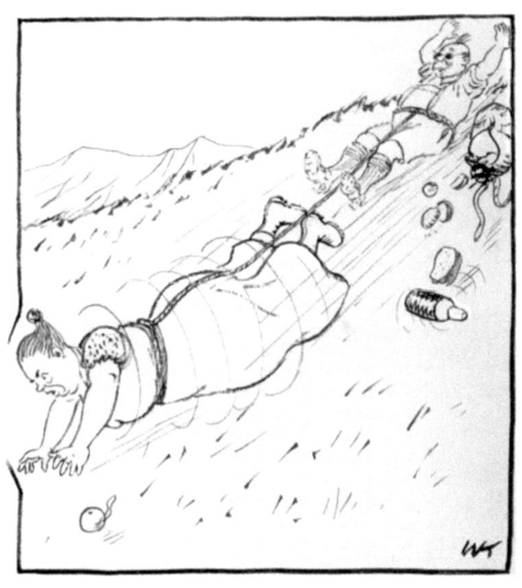

Sie setzt ihm nach mit zäher Miene.
Und zur Lawine wird Regine...

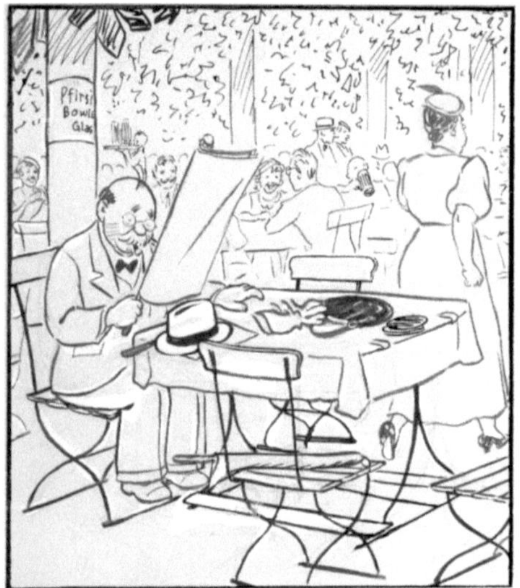

Im überfüllten Wirtshausgarten
muß man auf Kellner lange warten.
Drum geht Regine kurzerhand
persönlich zum Bierausschankstand.

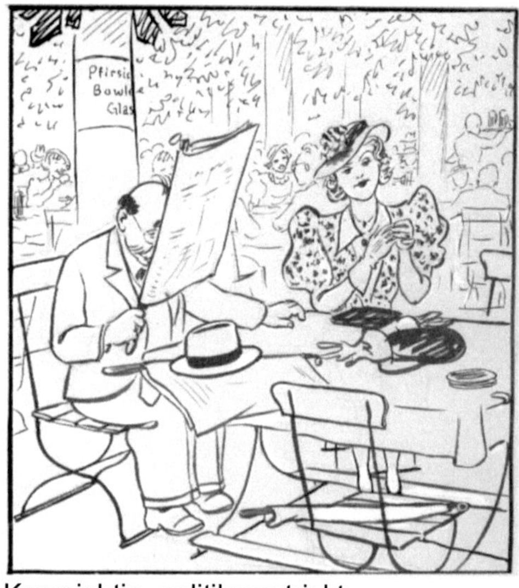

Kurzsichtig, politikverstrickt,
hat Theo nichts davon erblickt.
Auch nicht, dass bald an seiner Seite
sitzt wer mit schlanker Taillenweite.

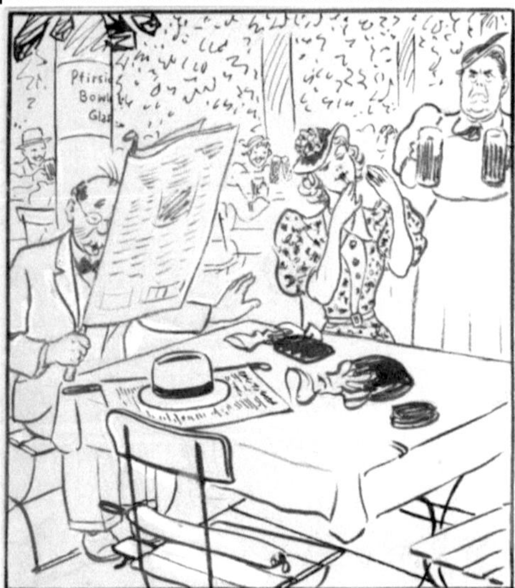

Reginens Unruh noch im Sinn
reicht tröstend er die Hand ihr hin...
Sie naht! Und schaut! Im Blick Taifun,
sieht sie des „Ehebrechers" Tun!

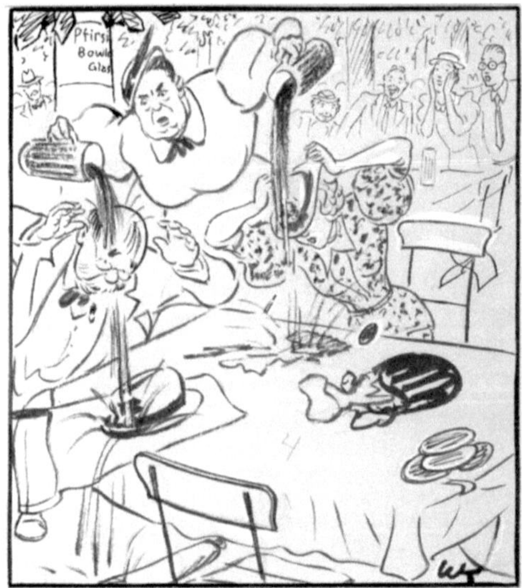

Die Fremde, nicht mal ohne Reize,
ist gar noch bei der „Lippenbeize"!
Jetzt bumst's! Man hört Reginens Bass –
„Bestürzt" wird Kopf und Kleidchen naß!

Die Angelpartie

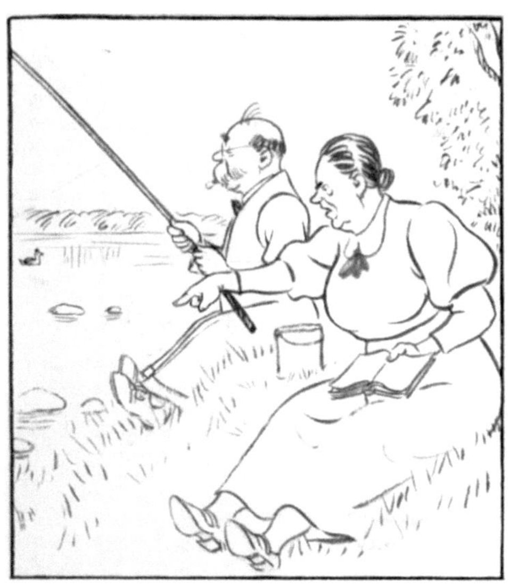

Theo hat's mit dem Angelsport.
Ermunternd wirkt Reginens Wort.

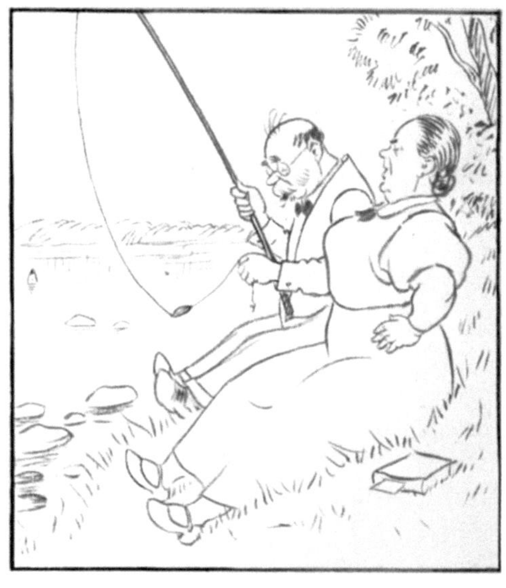

Die Fänge sind bloß alle Nieten.
Regine lässt sich das nicht bieten:

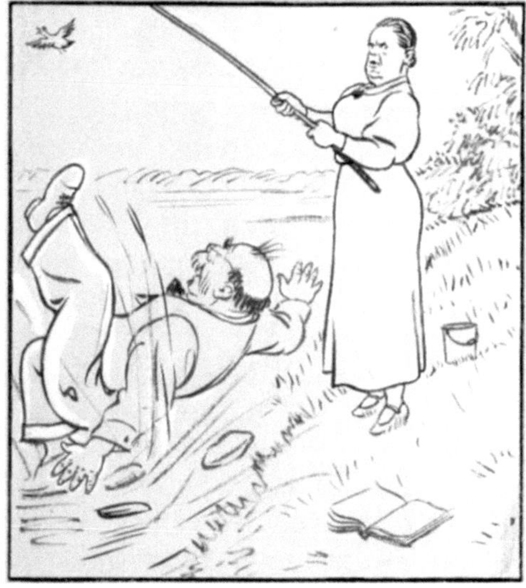

Energisch greift sie selber ein – – –
Der Theo glitscht dabei vom Stein...

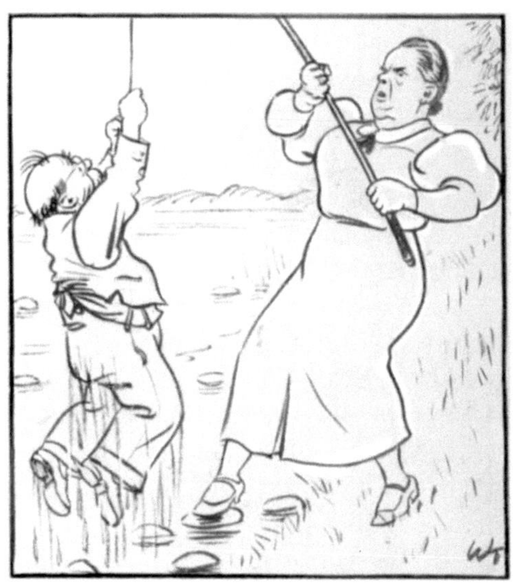

Das Anglerpech ist wie zuvor:
Der einz'ge Fang ist – Theodor!

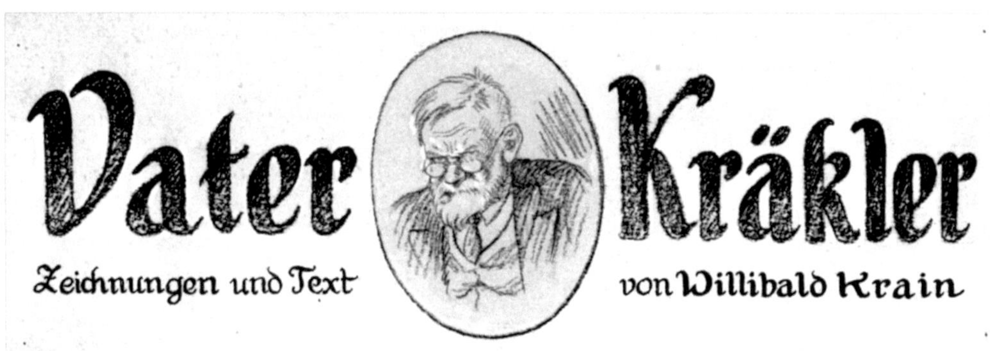

Kennen Sie Vater Kräkler? Aber natürlich kennen Sie ihn! Wie viele Vater Kräkler gibt es in der Welt? Überall heißt er ein bißchen anders, Herr Grantlhuber, Herr Raunzer oder ähnlich. Wohl in jeder Gesellschaftsschicht ist er zu finden, in seinen Äußerungen ein bißchen abgewandelt – aber wir kennen ihn alle, den guten, bösen Alten, der nichts, und darum zu viel zu tun hat, der überall im Wege steht und nörgelt und schimpft und im Grunde doch so zahm und gutmütig ist. „Er meint es ja gar nicht so" sagt seine Frau meist entschuldigend zu der entsetzten Umgebung, wenn er mal wieder losgepoltert hat. Vater Kräkler ist am Ende so gar recht gut zu lenken: Wenn man es ihm gar nicht merken lässt, und das ist die raffinierte Methode seiner klugen Lebensgefährtin, wenn sie so handelt. Dann denkt er, es sei nach i h m gegangen.

Um 6 Uhr früh, wenn sich Mama und Tochter nochmals auf die andere Seite legen, macht er schon mit der Gießkanne Lärm, denn er ist Frühaufsteher, nimmt Pillen ein, denn er ist ein Hypochonder, bewacht die Kaffeezubereitung, denn er sit ein Feinschmecker, schmiert quietschende Türen, denn er ist nervös, zupft Blättchen am Blumentisch und Falten am Vorhang gerade, denn er ist ordnungsliebend, aber wenn die Morgenzeitung kommt, ist sicher die Brille nicht zu finden – und da hat sie sie sicher verräumt, denn er ist ein Rechthaber. Und schon ist der erste Grund zum Ärgern da und dann ärgert er sich, wenn die Post kommt, und dann ärgert er sich, wenn sie nicht kommt. Denn Ärger braucht er, wie sein Goldfisch das Wasser! Aber wenn Mutter krank ist – sie darf es eigentlich nie sein! – dann ist er der beste Pfleger und besorgt alles, was er nur kann auf seinen wackeligen Beinen.

Und alle Morgen wieder zieht die Sonne ein goldenes Band durch die blumenbewachsenen Fenster zu dem schrulligen Alten und bannt alle Kleinsorgen in ihre lustigen Stäubchen.

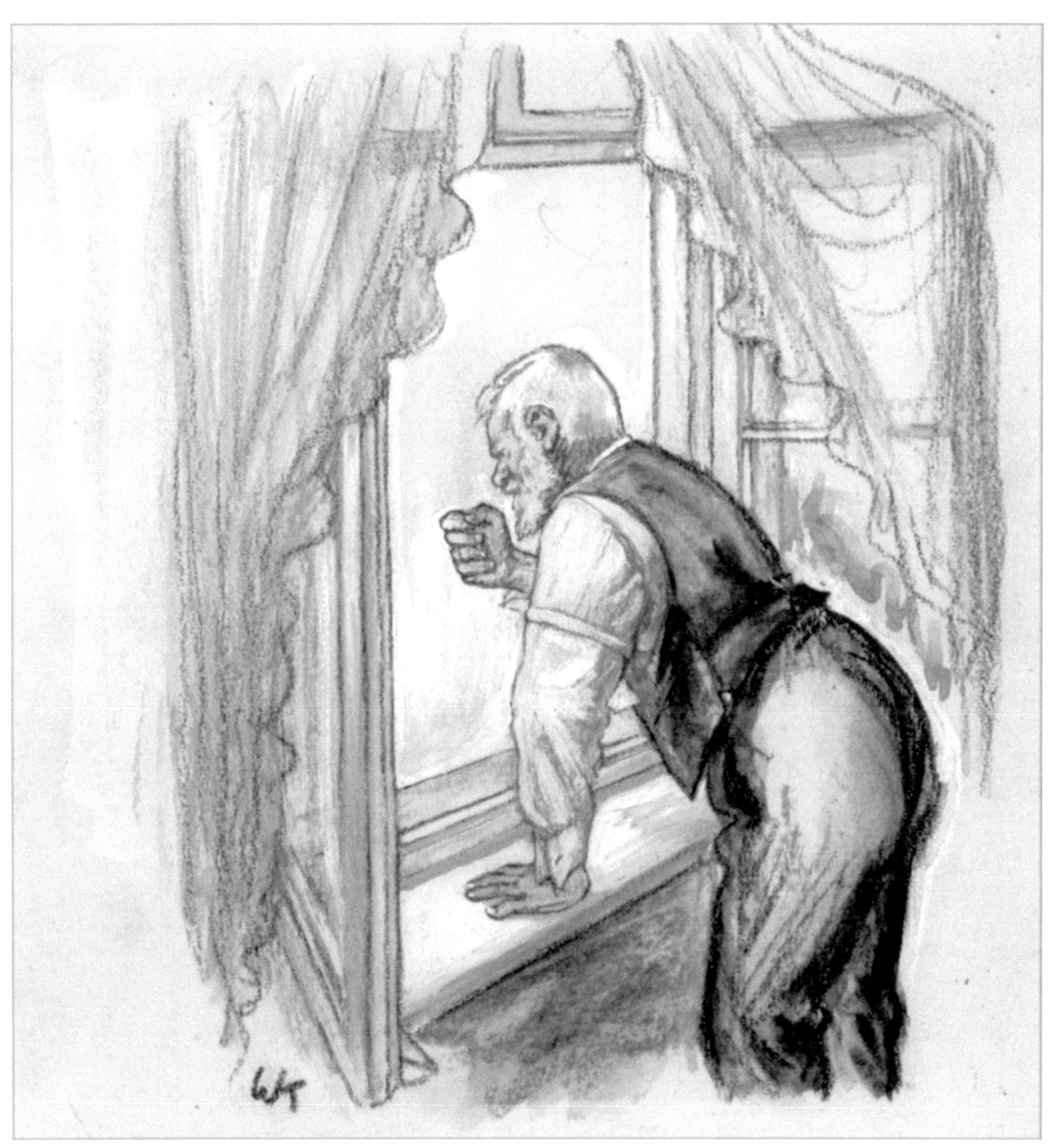

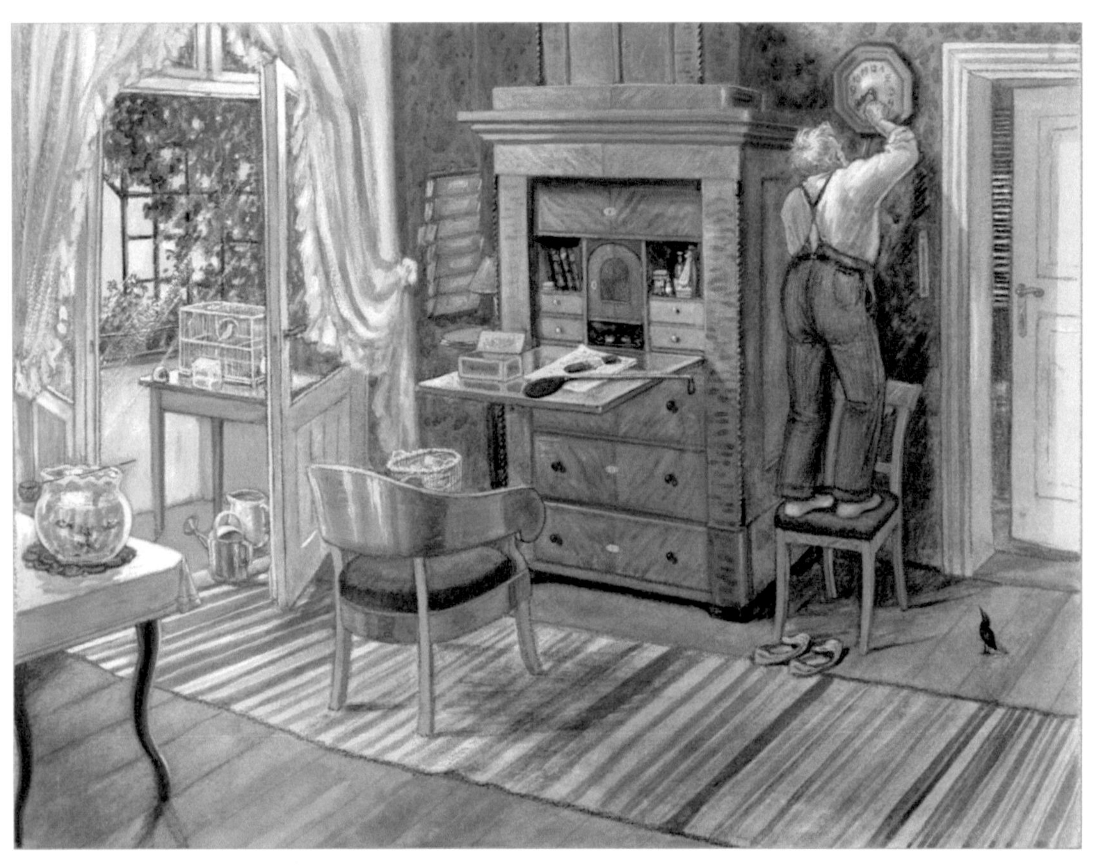

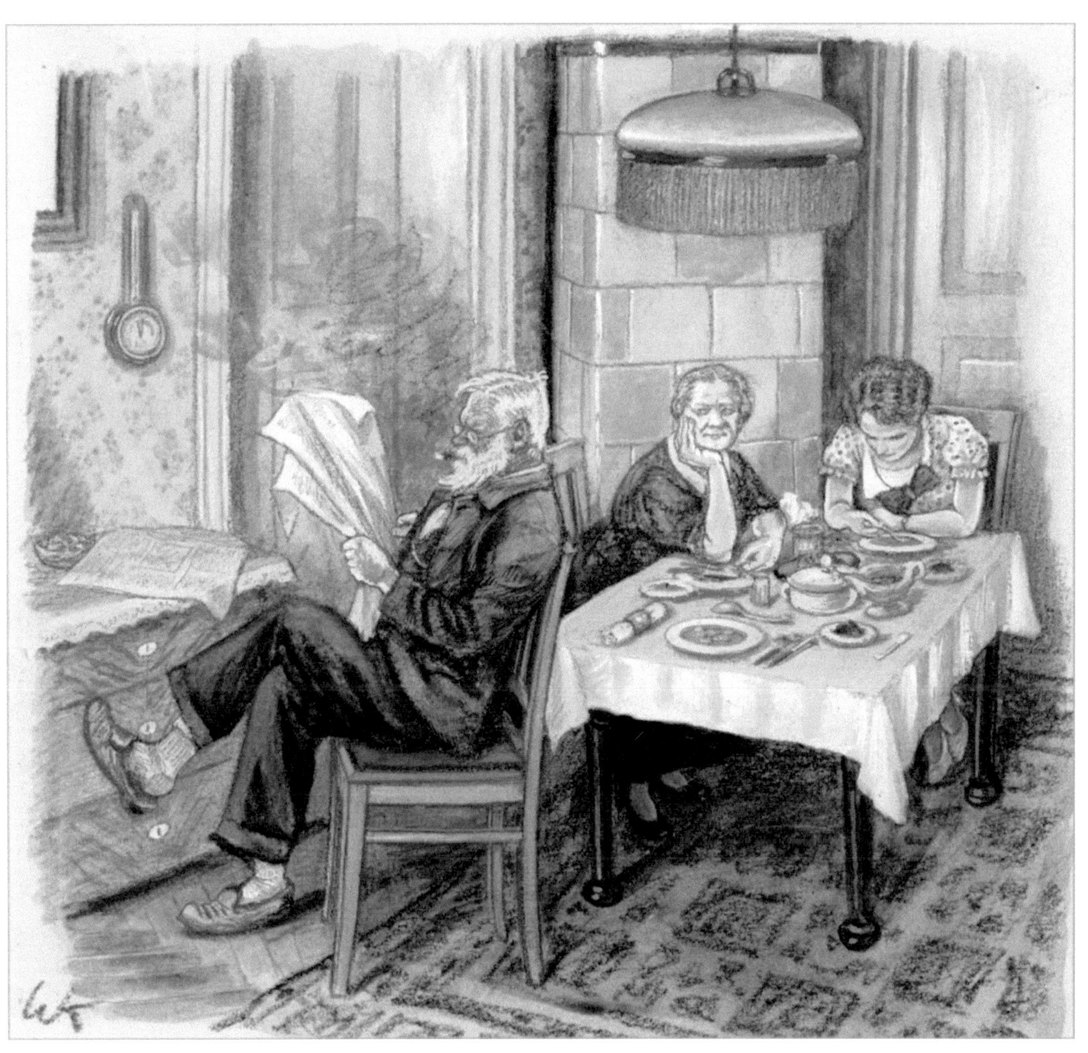

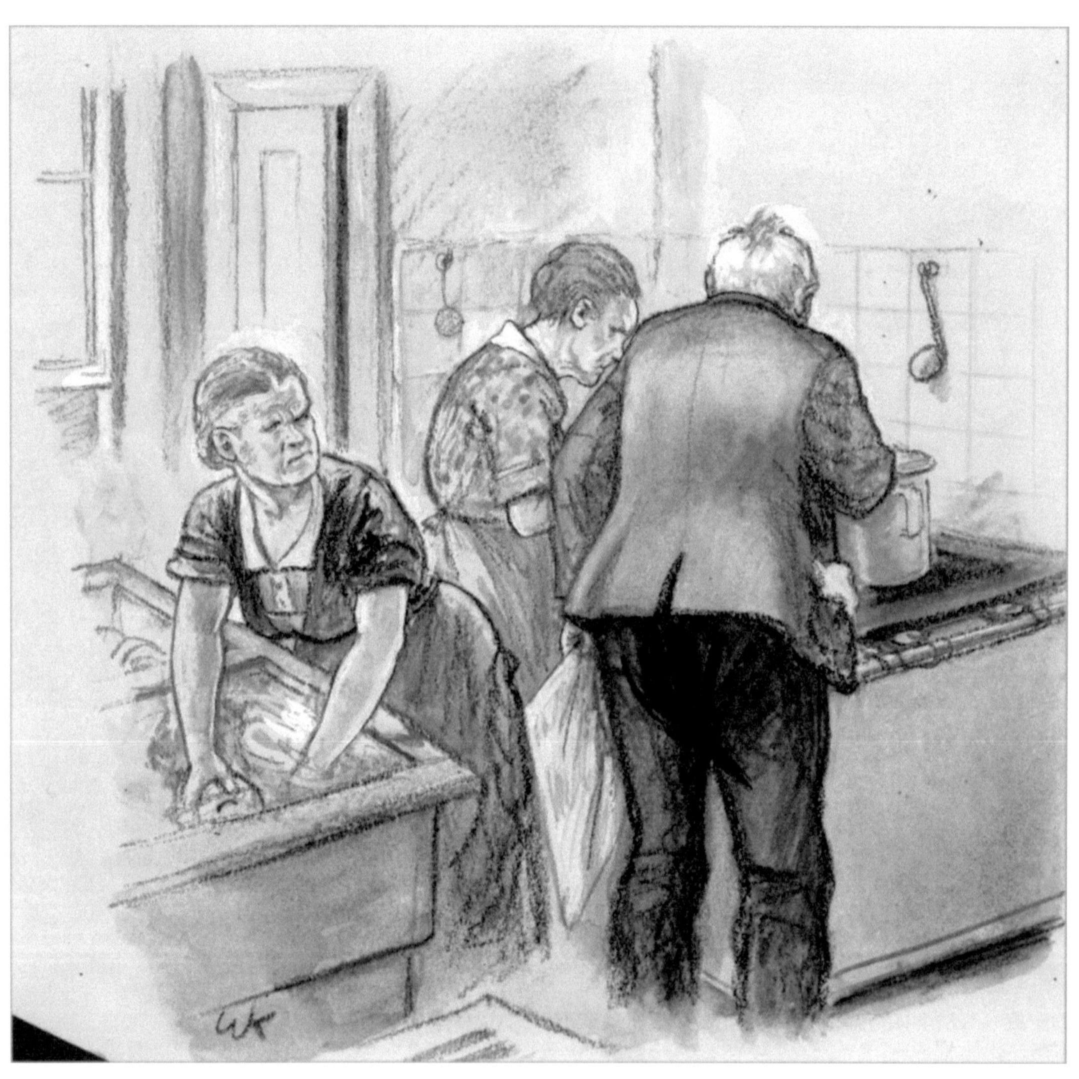

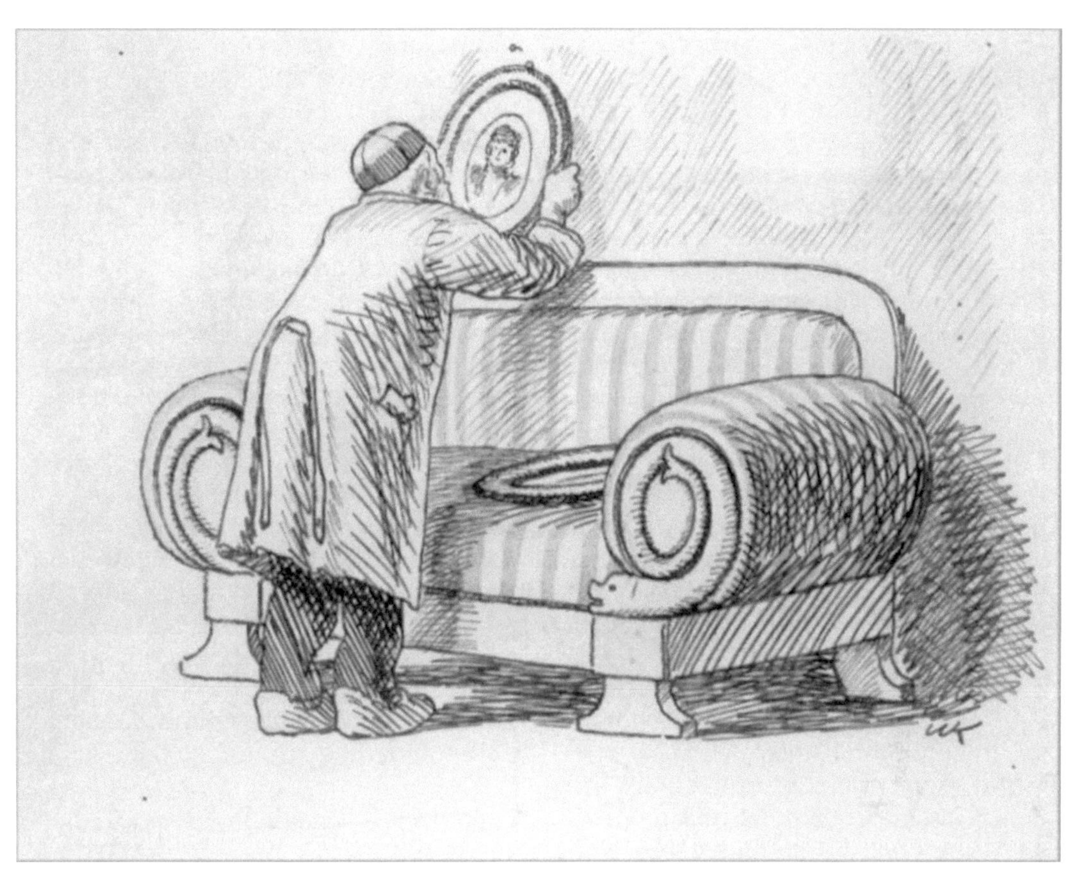

Wir ziehen in unserer Wohnung um!

„Kurtchen", sagte eines Tages meine Frau zu mir – (so nennt sie mich immer, wenn sie einen außergewöhnlichen Wunsch hat), „wir müssen unbedingt unsere Wohnung mal ganz anders einrichten. Meine Mama hat das auch alle halbe Jahre so gemacht. Man wohnt dann wieder viel lieber in den alten Räumen. Wie in einer neuen Wohnung!" Ich als Phlegmatiker dachte: „Muß man denn immer in einer neuen Wohnung wohnen?" und sagte deshalb: „Aber natürlich, Schatz, ganz meine Meinung! Wir wollen gleich mal ausmessen." Und dann ging das Berechnen los. Ganz rote Köpfe bekamen wir, vergaßen das Abendessen, verschwitzten, dass wir bei Schmidt's eingeladen waren, überhörten das Telefon (Schmidt's waren beleidigt) wir waren Feuer und Fett, eine „neue" Wohnung zu bauen. Ich träumte dann unter Albdruck von Möbelbergen, „verhob" mich bereits im Schlaf an der Couch und rückte dabei an meine Frau, bis sie aus dem Bette fiel, trug nachtwandelnd die unmöglichsten Gefäße von einem Zimmer zum anderen...

Und am anderen Tag ging das „Rücken" los. Da wir nicht gelernte Umzugsleute waren, machten wir erst alles falsch oder ungeschickt, sodaß bei uns und den Möbeln einige Verzierungen abgingen und ein ziemliches Durcheinander entstand. Immer mit dem „Ortsplan" in der aufgerissenen oder verstauchten Hand stand ich vor den „verrückten" Zimmern und stellte fest, dass erstens ein richtiger Umzug von Haus zu Haus einfacher gewesen wäre und zweitens, dass unsere Berechnungen meist an der Tücke der Wirklichkeit gescheitert waren. Sodaß wir zuletzt froh waren, dass unsere Zimmer nur „umgekehrt" worden waren, gewissermaßen ihr eigenes Spiegelbild. (Nebengedanken, meine Mama macht das alle halbe Jehre so!) Aber meiner Frau genügte die Veränderung schon. Und mir auch.

Onkel Willibald

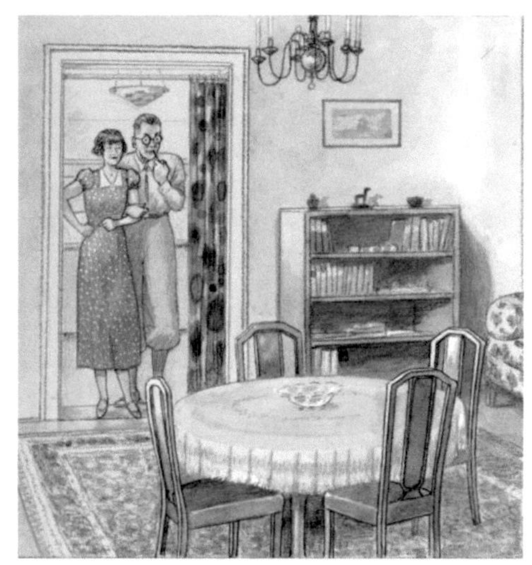

Wir müßten mal alles umstellen, Schatz. Hier
müßte das Schlafzimmer sein...
Theoretisches Planen...

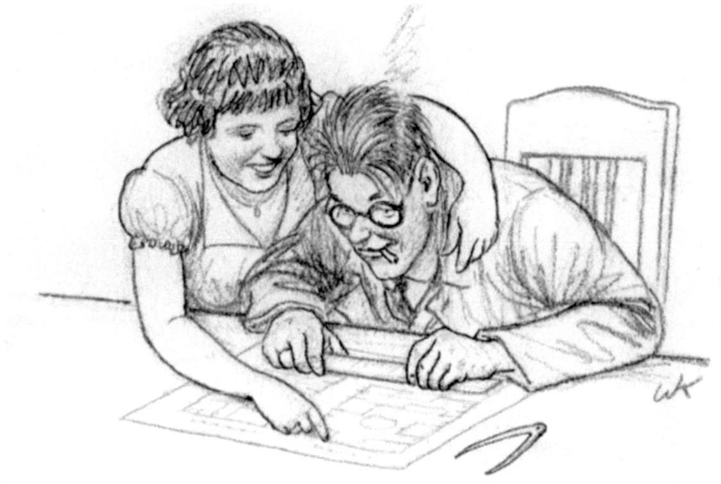

Wird der Schrank aber da auch hinpassen? – Aber glänzend! Auf den Zentimeter genau,
Liebling!

...und praktisches Schuften

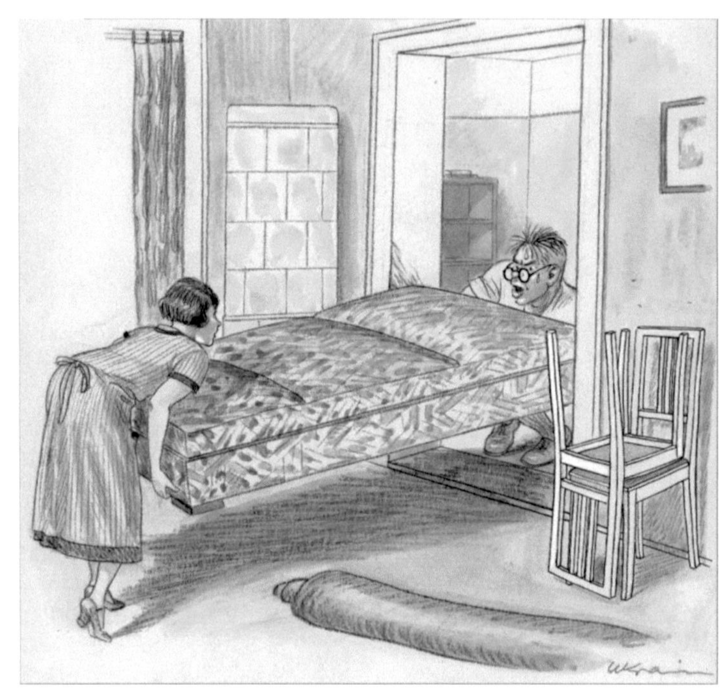

Die Couch passt nicht durch die Tür!
Der Krach ist da

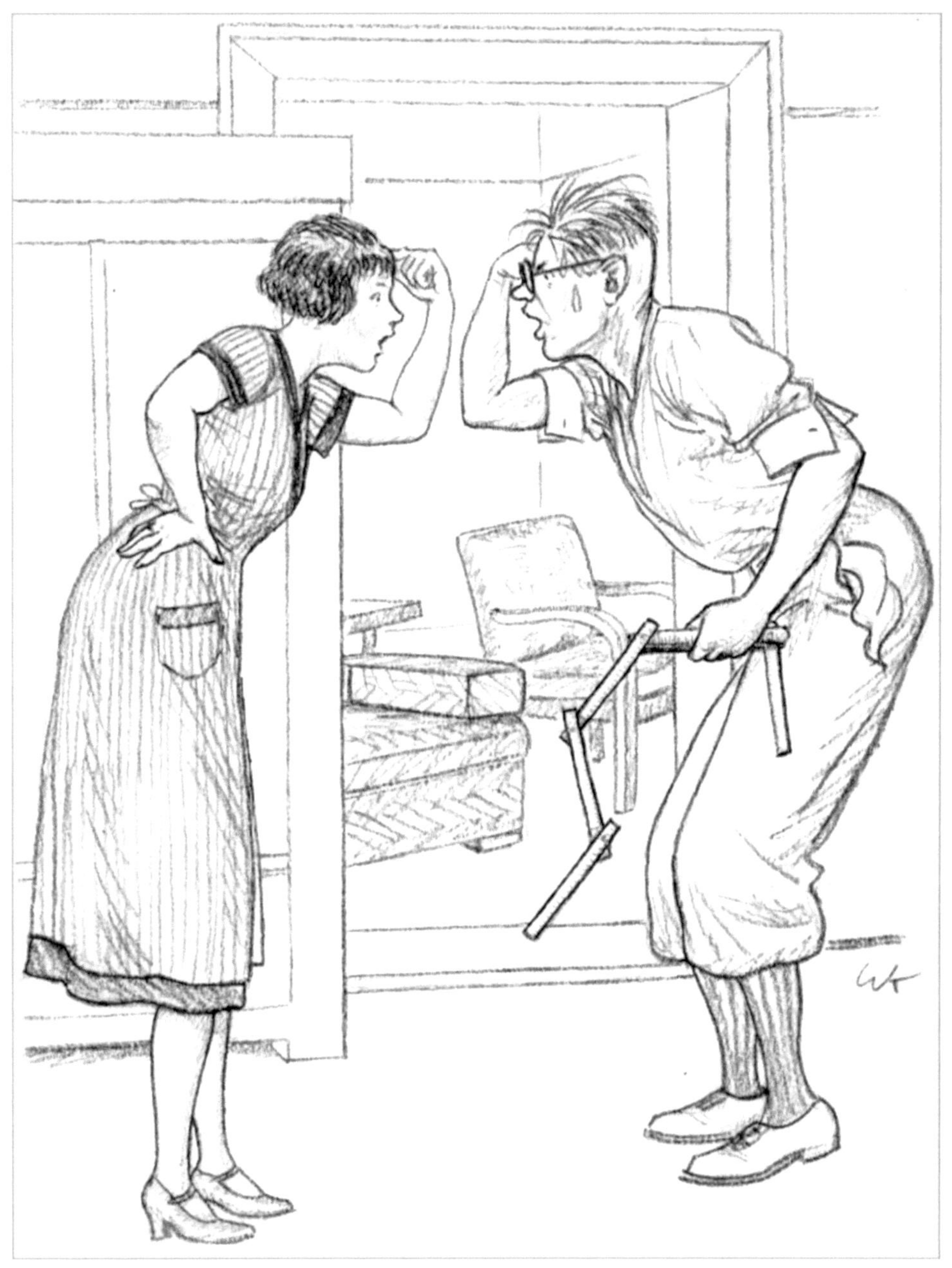

Der Schrank steht 15 cm über die Tür hinaus! Da hat Deine Berechnung doch nicht gestimmt, Du Schafskopp! – Erstens hast Du mitgerechnet, zweitens wollte ich ja gar nicht umräumen!

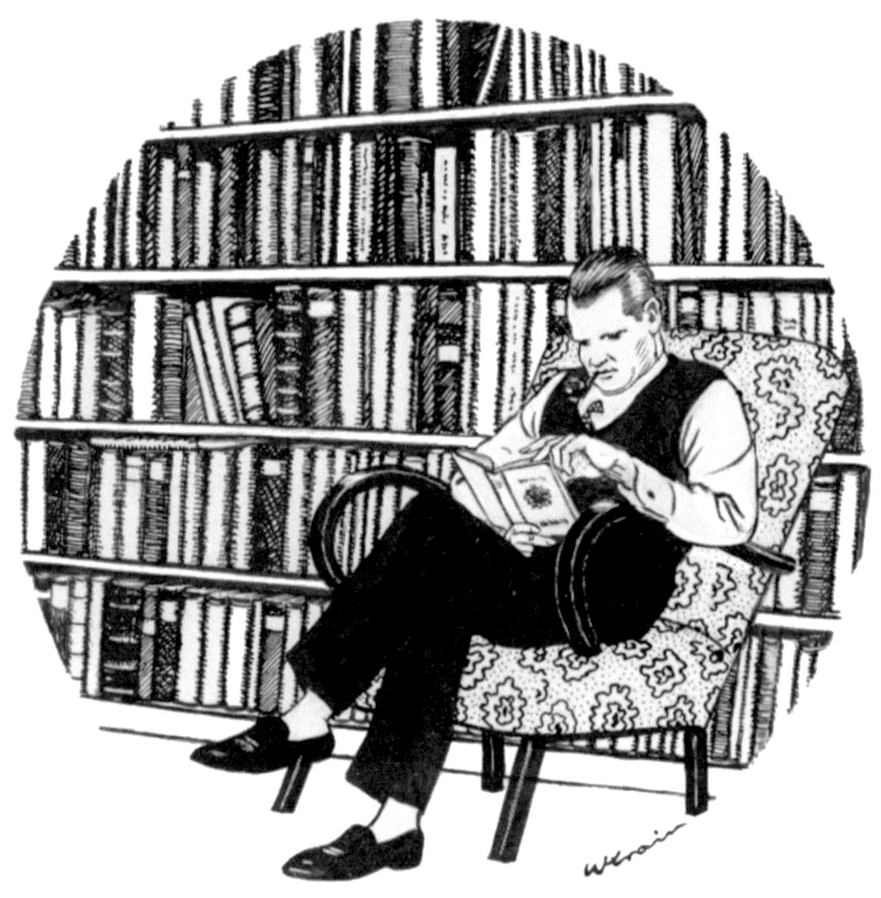

Tante Minchen

„Tante Minchen" wohnte in dem großen Eckhause, und ich sehe sie immer noch mit ihrem vorgestreckten Kopf wie ein Steppentier, das Gras wittert. Etwas von unerfüllter Sehnsucht lag darin. Sie hatte auch einen seltsamen Spürsinn für Aufgaben, die irgendwo in der Welt auf sie warteten. In jungen Jahren schon erfüllte sie sich in der Arbeit an den Waisen ihrer frühverstorbenen Geschwister. In den Falten ihres Gesichts lag geschichtet der Kummer – anderer Menschen, den sie auf sich nahm. Wer kann sagen, wie viel eigener ihr dadurch erspart blieb?

Als sie so langsam „in die Jahre" gekommen war, ohne selbst einen eigenen Hausstand gehabt zu haben, und als es für sie nichts mehr zu bemuttern gab, da –

– da zog eines Tages gegenüber, über'm Hof, der alte Herr Susemihl ein, der Witwer und Pensionär, und ahnte nichts von Tante Minchen, die so ordentlich aufzuräumen und Teller zu waschen verstand und Früchte einkochen und flicken konnte, während er mit weitsichtigen Augen am Fenster ungeschickt seine Strümpfe stopfte, eine Arbeit, die geradezu danach schrie, von Tante Minchen übernommen zu werden. Zwei Lebensbahnen streiften sich, ohne sich zu verknüpfen, wie das eben in der Großstadt häufig vorkommt...

Diesmal fand Tante Minchen keinen Weg, sich diese Ehewaise näherzurücken – als mit immer noch vorgestrecktem Hals hinüberzuschauen nach den langsamen Fingern des Herrn Susemihl... Tante Minchen ist eben müde geworden, dachte ich, aber dann vergaß ich sie und den einsamen Strümpfestopfer für eine ganze Zeit.

Ich war lange von hause abwesend, und im nächsten Jahre, an einem wunderschönen sonnigen Nachmittag machte ich einen Spaziergang hinaus bis zu den Kleinhaussiedlungen, wo fleißige Leute beim Graben und Pflanzen und Streichen waren. Plötzlich glaubte ich meinen Augen nicht zu trauen! In einem der Gärtchen vor einem der hübschen Häuschen stand Herr Susemihl, aber in den Händen hielt er nicht Nadel und Faden ungeschickt, sondern einen derben Spaten, mit dem er kräftig ins Erdreich stieß, und sein Vollmondgesicht über der blauen Schürze lächelte stillvergnügt! Nadel und Faden und die Susemihl'schen Socken dazu hielt – Tante Minchen in Händen und saß selig auf der Gartenbank im Hintergrund – mitten in der Sonne...

Lange schaute ich den beiden von weitem zu – und ergänzte mir selber die unbekannten Zwischenkapitel zum kleinen Lebensroman, von dessen „happyend" ich soeben doch noch Zeuge geworden war.

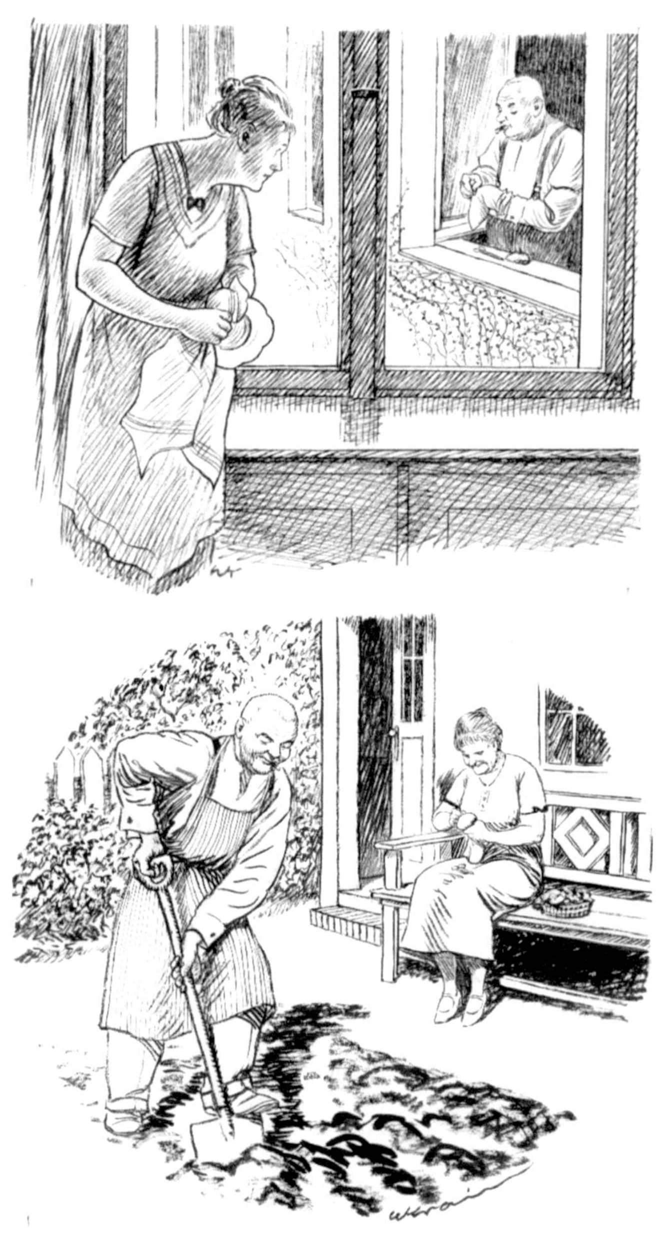

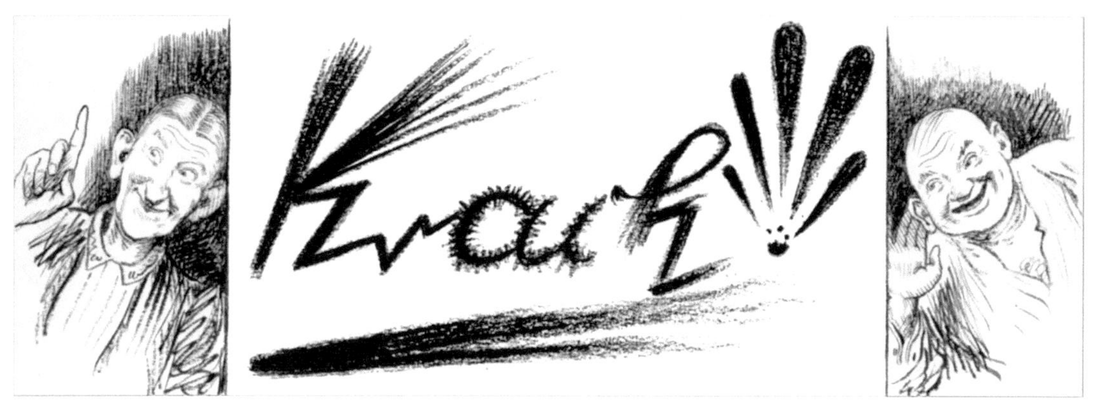

Krach auf dem Wochenmarkt

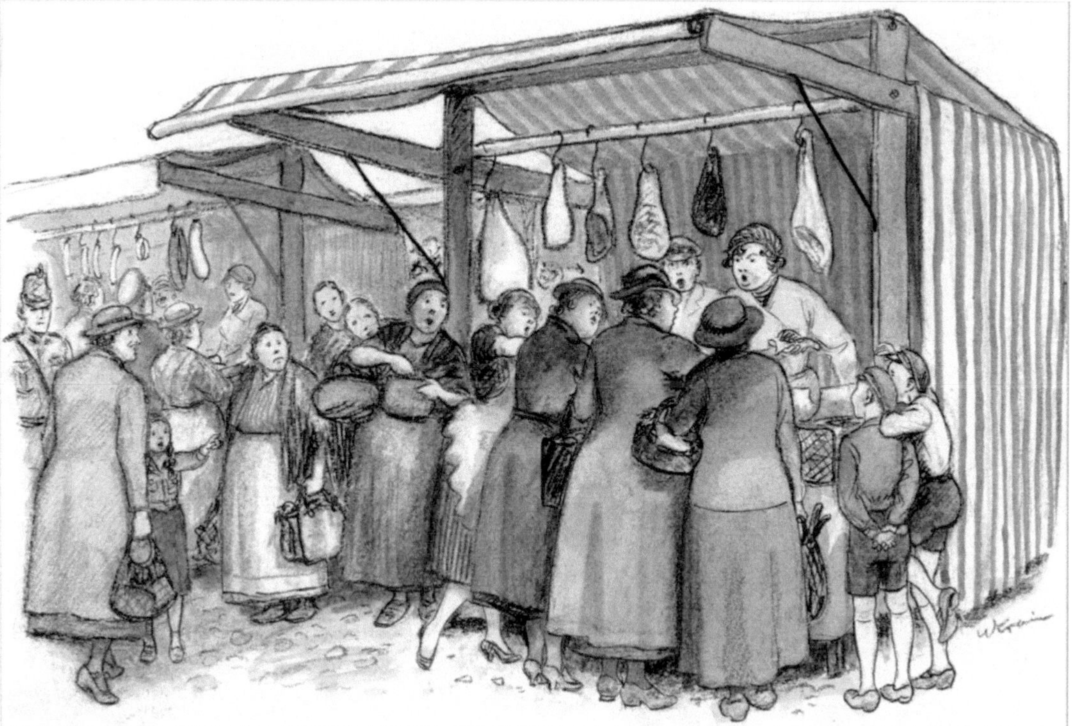

„Wat? Nu soll det schon wieder keen junget Kalbfleisch sind?! – Frau, det sieht doch ’n Blinder uf’n ersten Jriff, det hat noch kaum in die Welt jekiekt! Aber wenn Se hier noch lange meckern, wird’s freilich ’ne olle Kuh!“ – „Jeben Se ebent <u>mir</u> zuerst – ich war sojar eher dran, ick steh schon ’ne Viertelstunde wejen die olle Kuh!“ – „Was haben Sie gesagt? ‚Olle Kuh‘?“ – „Immer wer sich jetroffen fiehlt – ick hab von det Stück Fleisch jesprochen...“

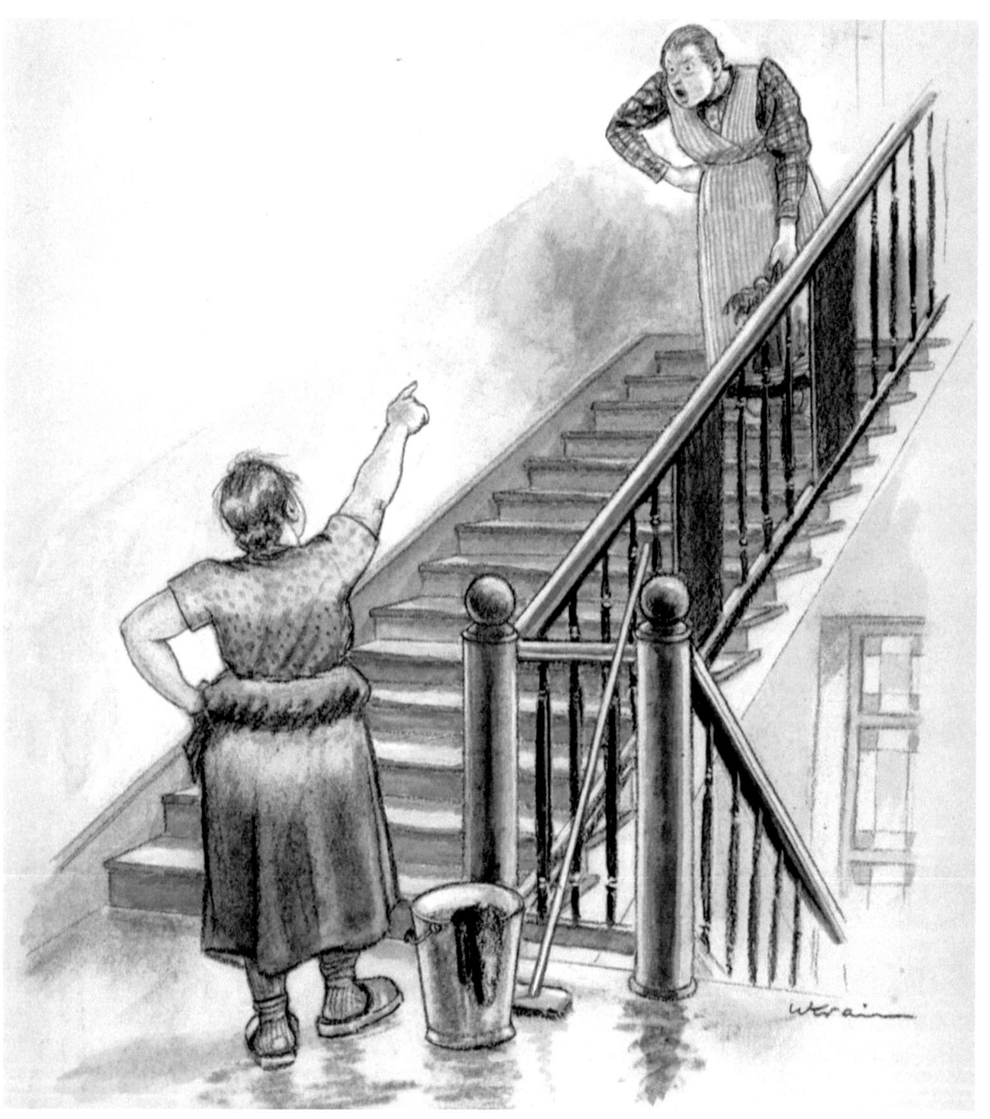

„– – – – wat hamse jesacht????!!! Ick wär' ne jemeine <u>Lügnern</u>???! Sie, det wird Sie teuer zu stehn kommen! Ich jeh bei's Jericht! Ick vaklage Ihn' wejen Beleidijung!" – – „Ooch <u>noch</u> sind Se 'ne Lügnern! Kann ick beweisen! Sie haben meine Frieda valeumdet! Die Müllern oben hat jesacht, Sie hätten ihr jesacht, meine Frieda hätte jesacht, Schulzes Else jinge mit die ihren möblierten Zimmerherrn! Da hab ick die Müllern jesacht, ‚Frau Müller', hab ick jesacht, hörnsemal zu, hab ick jesacht, erstens ist die Krausen 'ne Dreckschnauze – jawoll, dat hab ick jesacht – und denn, wat meine Frieda is, die jibt sich mit so ordinäre Sachen überhaupt nich ab, über 'ne jemeine Person zu tratschen, vaschtehnse?"

Krach am Schalter

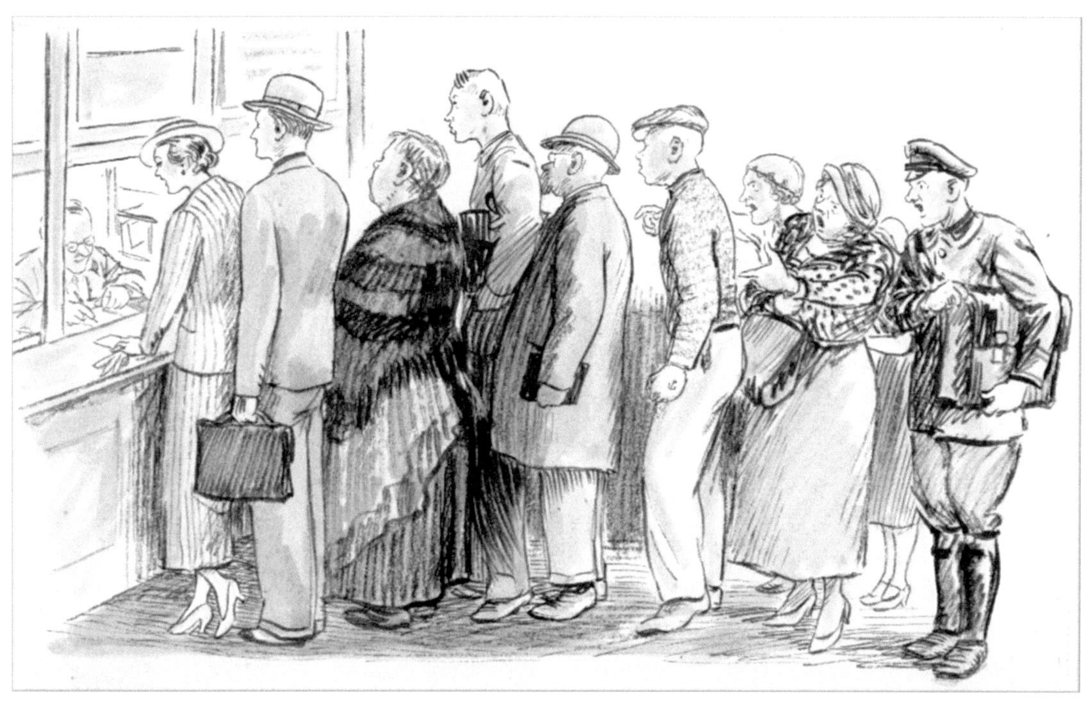

„Wat hat denn die mondäne Duftnote da vorne bloß so lange an'n Schalter zu hängen – andre wollen ooch mal ran!" – „Is ja nich auszuhalten mit die ihren Parfönggestank!" – – – „Sie – Frollein – jeben Se Jas un haunse ab!!" – „Drängeln Sie doch nicht so!" – „Na, verleicht hol' ick Ihn'n noch'n Polsterfotölch!" – *Der Beamte:* „Der Schalter wird jetzt geschlossen." – (Vulkanausbruch im Publikum)

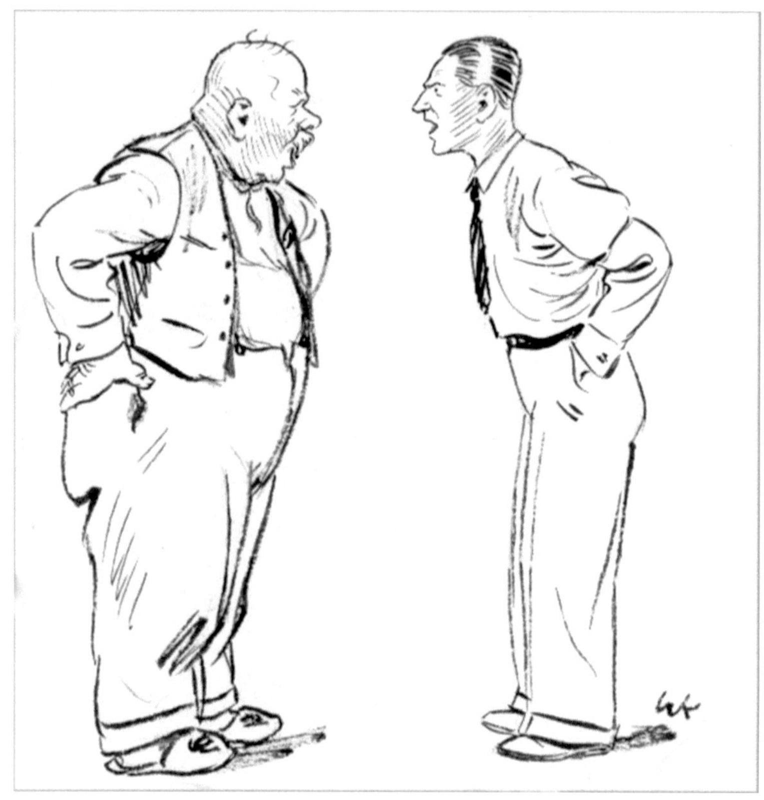

„...nein!!“ – „Jawohl!!“ – „Sie müssen det Licht im
Badezimmer beßahlen, die janze Nacht hat's wieder
jebrannt!“ – „Lächerlich! Bezahlen Sie erst mal die
Fettflecke in meinem Buch, das Ihre Frau – “ – „Ick wer'
Ihn'n wejen Beleidijung vaklagen! Am Ersten ziehn Se!“
– „Büddeschön. Ich wollte sowieso heute kündigen!“

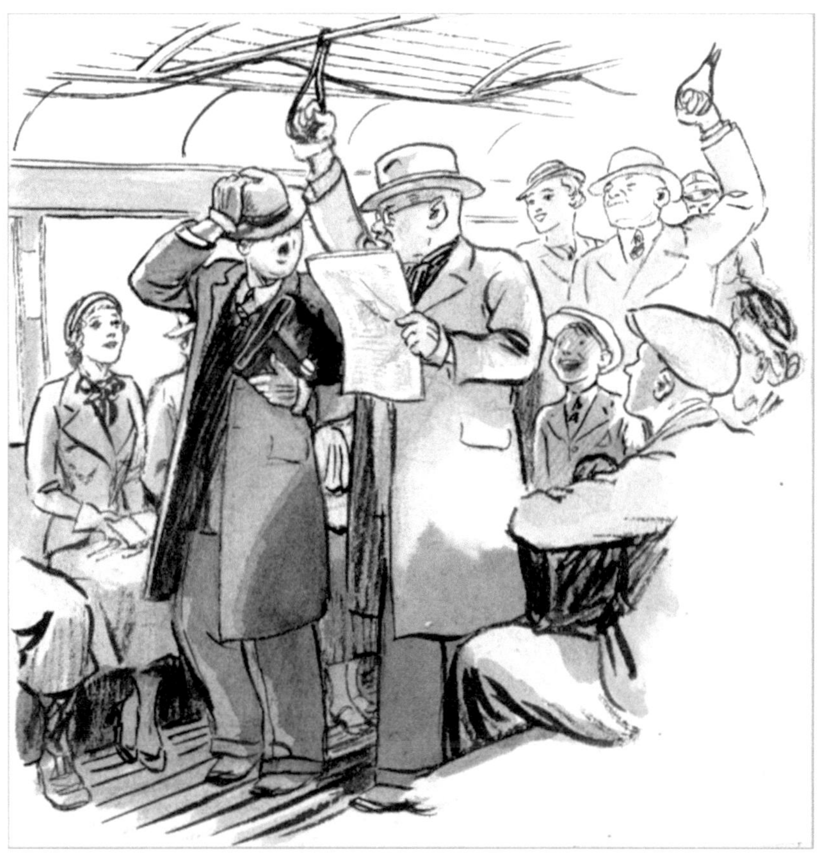

„Na!!!! – Können Sie Ihre jeehrte Flosse nich beiseitenehmen, Herr?! Zum dritten Male stoßen Sie schon an meinen Hut! Nich mal entschuldigt haben Sie sich!" – „Stellen Sie sich doch nicht so dicht an mich ran!" – „Na, denken Sie vielleicht, ich fühl mich ausgerechnet zu <u>Ihnen</u> hingezogen?" – „Nein, aber weil Sie meine Zeitung mitlesen wollten!" – „Herr, was fällt Ihnen ein! Ihr Käseblatt intressiert mich so wenig wie Sie!" *Der Schaffner:* „Bitte die Herrschaften weiter nach vorne treten!"

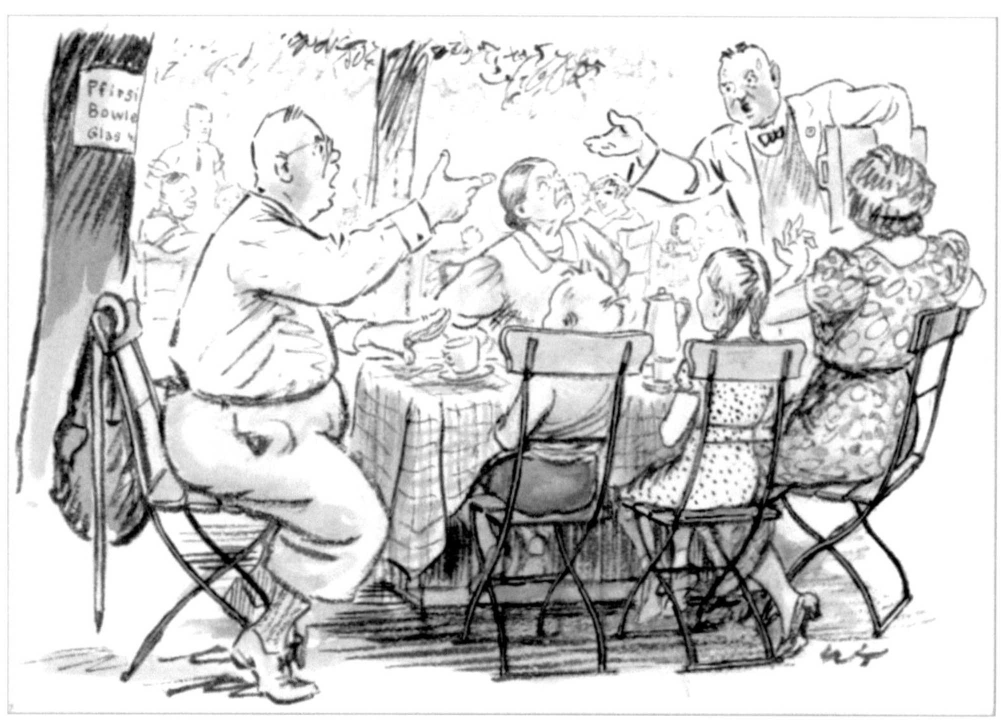

„Herr Ober!! Hörnsemal! Das soll <u>Kaffe</u> sein? Auf <u>die</u> drei Bohnen
wartet man nu 'ne volle halbe Stunde und bezahlt sein teures Geld
dafür! Is ja ein Schkandal is ja das!" – „Gehnse ebent ins Moka Efti,
Herr, wenn's Ihnen nich passt. Hier is sonst jeder Gast zufrieden!" –
„Unverschämtheit! Schickensemal den Geschäftsführer – ich werde
mich beschweren! Hier muß mal ein Exempel statuiert werden!" –
„Kann 'ne Weile dauern, Herr! Der Chef telefoniert grade –"

Krach beim Verkehrsunfall

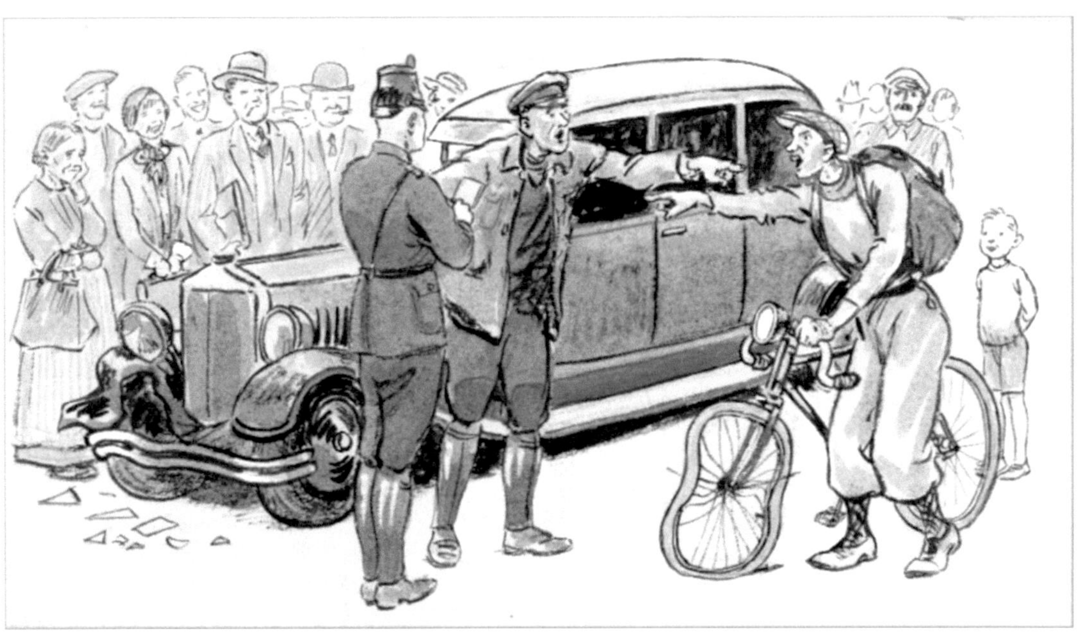

„Herr Schupo, hörnema ßu! Also wie ick um die Ecke biejen will un'
abwinke – " – „Hatta ebent nich, Herr Wachtmeesta! Hat nich
abjewunken, sonst wär' dat janich passiert!" – „Oller Lausejunge, hast
ebent nich ufjepaßt!" – „Quatsch nich, oller Dussel, der Herr da is Zeuge
–" – „Ich hab' überhaupt nischt jesehn!" – „Sehnse! Sehnse!! Herr
Wachtmeister, der hat <u>nischt</u> jesehn von Abwinken!" – *Der Schupo:*
„Also, wie heißen Sie?" –

Pension Kienhase für In- und Ausländer

Wessen Schicksal es ist, einen Teil seines Lebens in Pensionen zu verbringen, der kann wohl ebensoviel erzählen, wie wenn er eine Reise tut. Es drängen sich Menschenschicksale auf wenige Quadratmeter einer Wohnung zusammen für teils längere, teils kürzere Zeit, wie bei einer Fahrt im Omnibus oder in der Bahn: einsteigen – mitfahren – aussteigen – vorbei!

Von wenigen erfährt man Näheres über ihr Leben und bildet doch eine Art Schicksalsgemeinschaft zusammen, solange einen die gleichen Wände beherbergen. Die Temperamente, Charaktere, Eigenheiten eines jeden zu studieren und sich nach ihnen zu richten, ist hauptsächlich Aufgabe der Pensionsinhaberin, die als eine Art Mama ihre Kinder zu betreuen und zu nehmen verstehen muß – . Und je geschick-ter, je – weiblicher sie es anfängt, umsomehr Zuspruch, auf deutsch „Frequenz", wird ihr Haus haben.

Sie muß Freundschaften und Gegnerschaften unter den Gästen berücksichtigen bei der Tischplazierung, darf selbst kein Eigenleben, geschweige denn Launen haben, muß ein bissel schwindeln können und jede Überzeugung haben.

Meistens ist himmlische Ruhe in der Pension – bis zum späten Vormittag – dann aber kann es sein, daß in einem Zimmer Klavierorkane toben, während im Nachbarraum eine Sängerin hochdramatische Tonleitern gymnastikt, nebenan ein Othello rollt und, davon unberührt, eine Tür weiter ein Dichter stille Verse in eine Schreibmaschine knallt. Dazwischen rasselt das Telefon alle fünf Minuten, schleichen Intrigen zwischen dem Personal oder den Gästen (oder beiden Teilen), wird die Pensionsmama durch den Tag gehetzt von Boten, Wünschen, Empfängen, Rechnungen, Kündigungen – und der einzige, der seine Ruhe bewahrt, ist der bedächtig durch die Korridore tappende, allbestreichelte Pensionshund Bello.

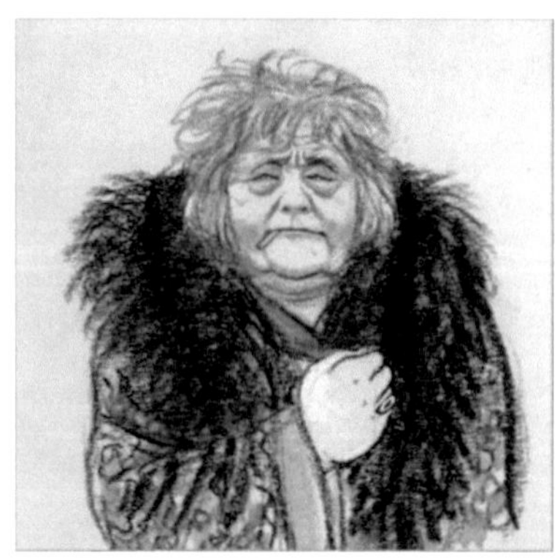

Madam Kienhase <u>vor</u> 12 Uhr mittags

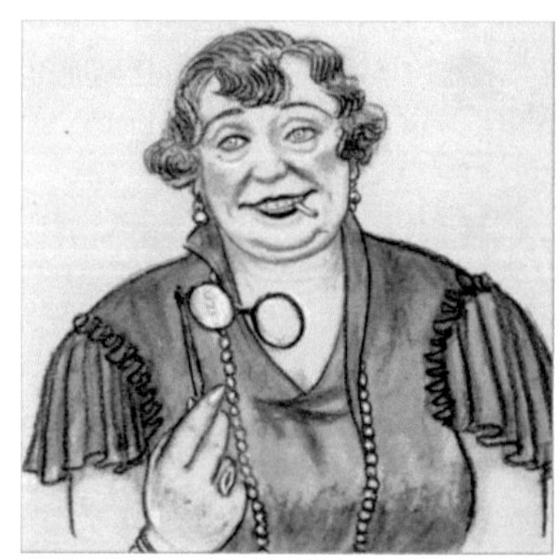

Madam Kienhase <u>nach</u> 12 Uhr mittags

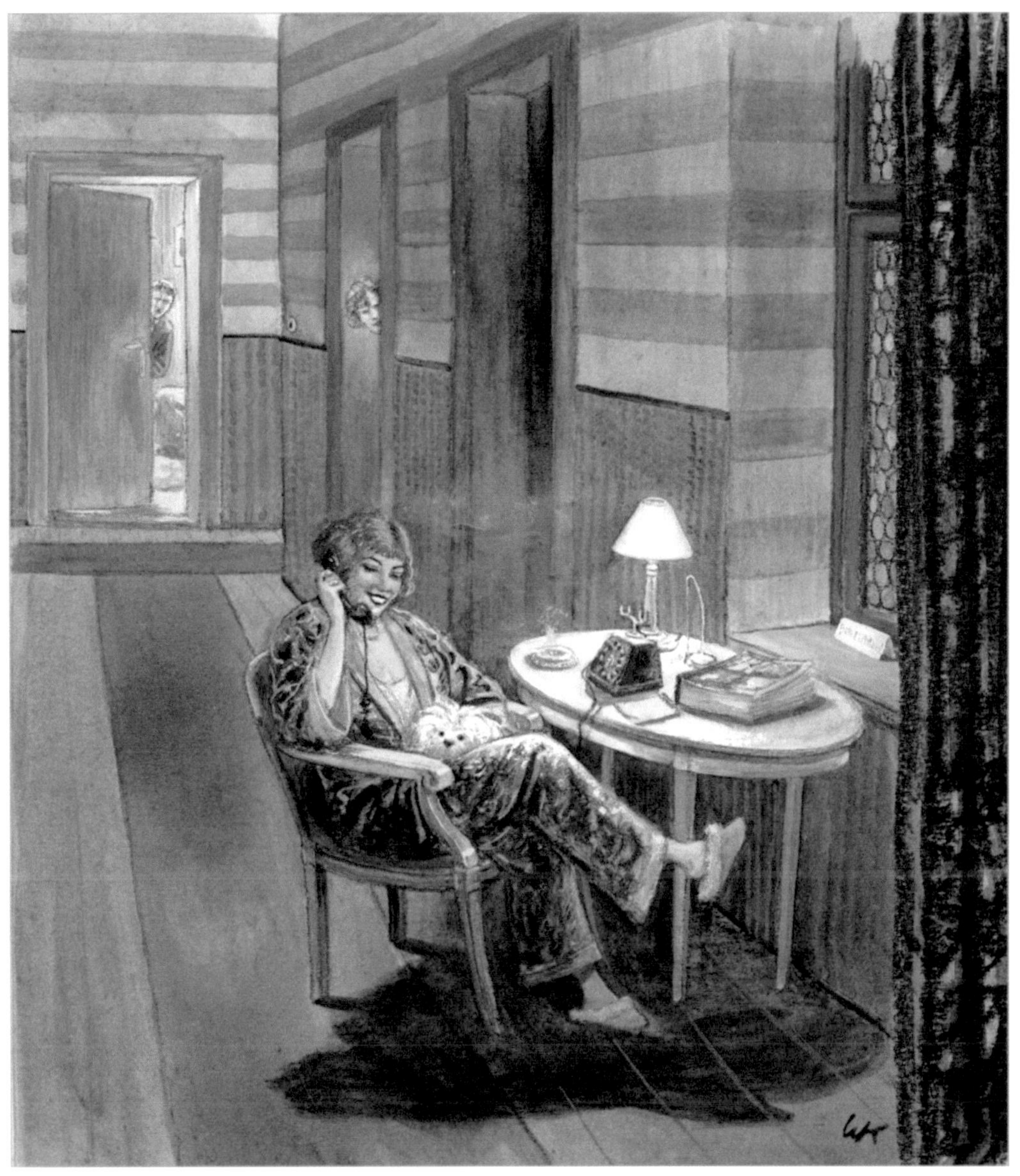

Frau Mila telefoniert wieder stundenlang Wichtigkeiten, sodaß kein anderer Gast drankommen kann: „Bischi hat Schnupfen, Liebling! Hast Du gehört, wie süß er eben genießt hat?"

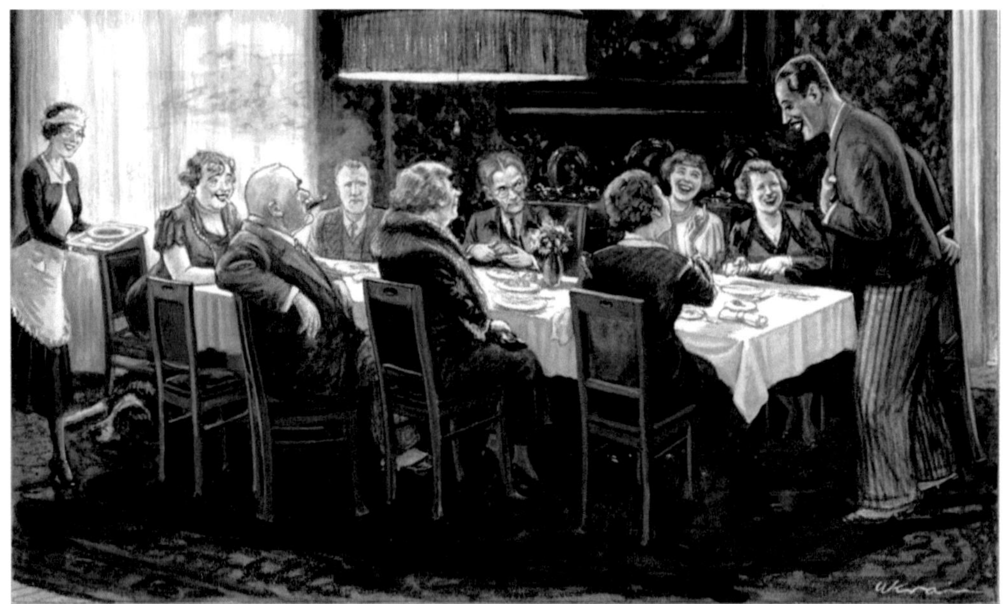

Der Nachzügler bei der gemeinsamen Mittagstafel. Wenn alle schon beim Kompott sind, kommt der bei den Damen allbeliebte junge Mann, dem man alles gern verzeiht, natürlich wieder zu spät. Er findet meist nur noch Kartoffelsalat vor.

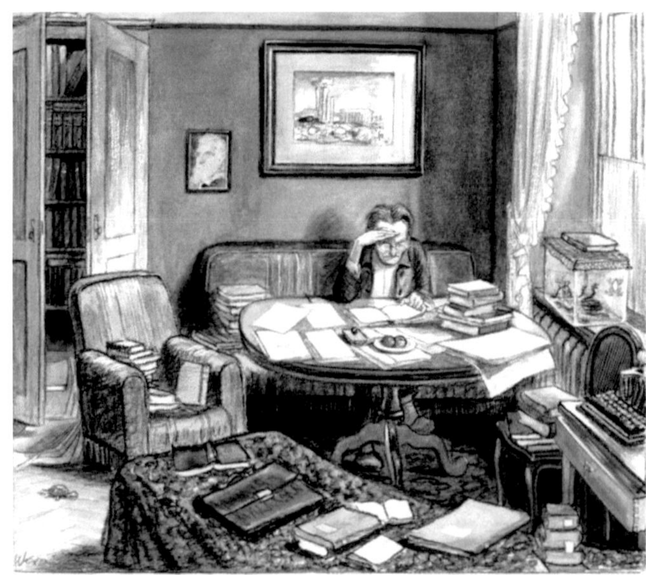

Der Schrecken der Pensionsangestellten: Der wunderliche Heilige, der Zoologie-schriftsteller, den alles stört und bei dem nie richtig aufgeräumt werden kann, weil seine Unordnung unantastbar ist und seine Viecher unheimlich. Außerdem bekommt er als Rohkostler Sonderdiät.

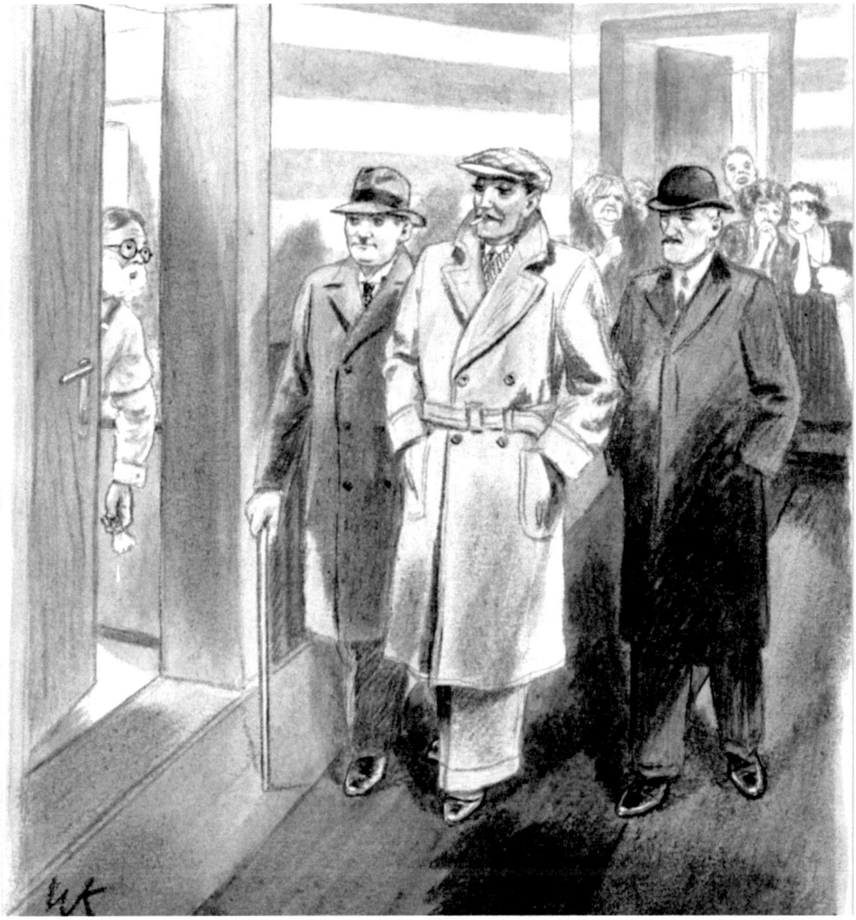

Ein aufregender Morgen in der Pension Kienhase. Der allbeliebte junge Mann war ein international gesuchter Hochstapler und wird von der Kriminalpolizei abgeholt.
„So ein hübscher Mensch! – Schade um den Jungen!" – „Hach! Der Lump! Gestern hat er der Anna noch 3 Mark abgepumpt!" – „Aus Turin ist er? Nee! Aus Polzin!"

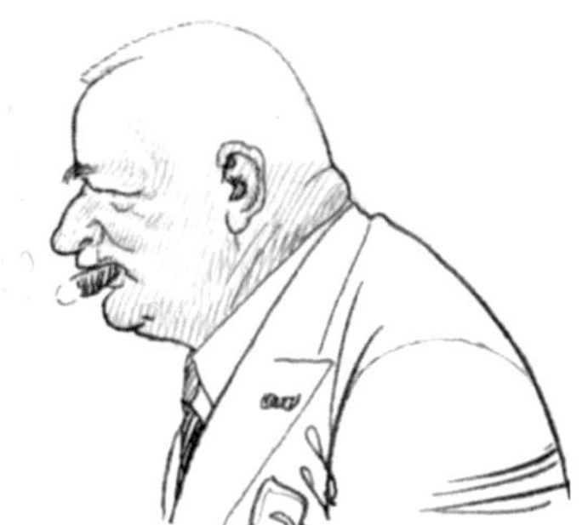

Der originelle jugendliche Herr Major a.D.,
der so viele gute Witze erzählt...

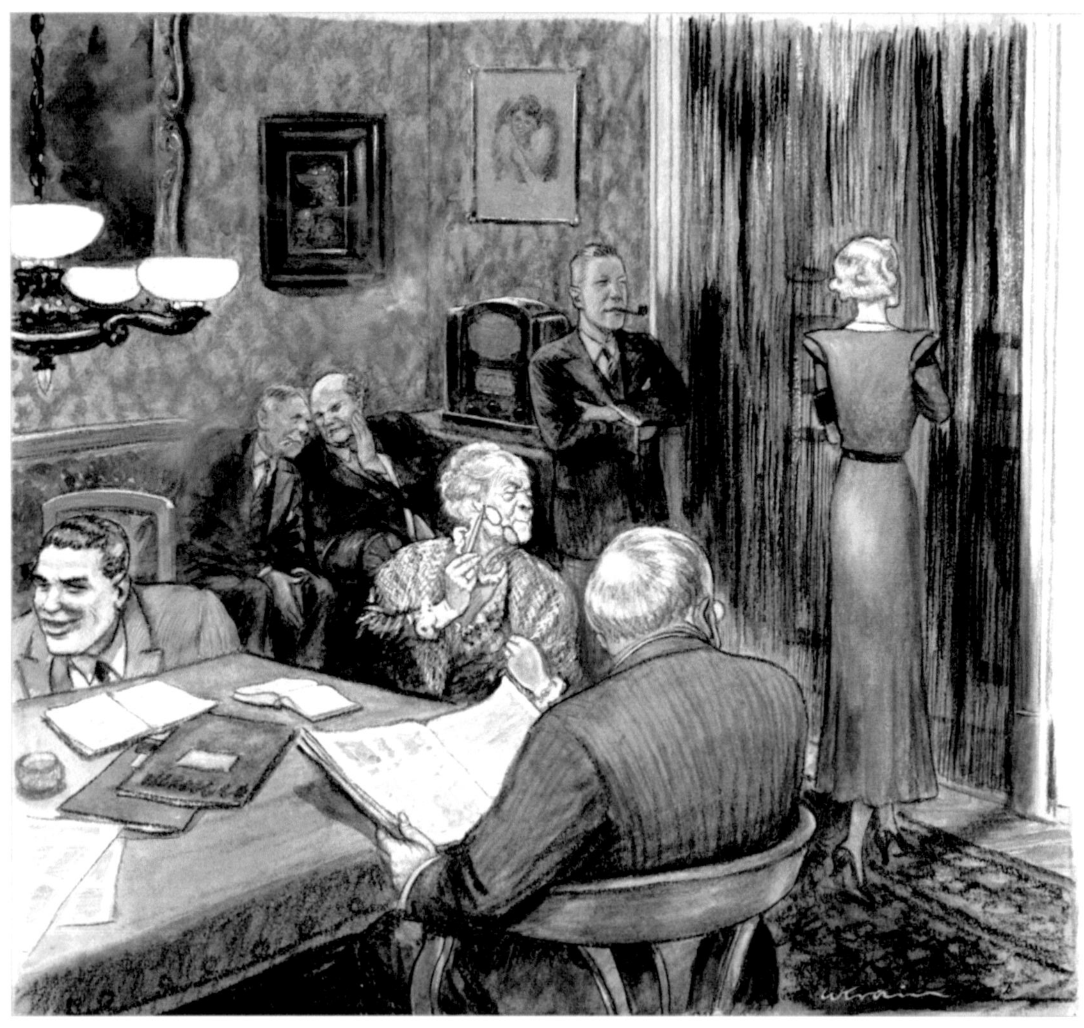

Pensionsklatsch im Gesellschaftszimmer. Die interessante mondäne unbekannte
schweigsame Schöne, die schon drei Wochen hier wohnt. „Fabelhafte Frau!" „Wissen Sie
was von ihr?" „Nö – soll schwerreich sein – alter schwedischer Adel oder so." Na na –
Vorsicht! Wenn sie nur nicht zu unserem famosen Hochstapler gehört, lieber Freund!"

Heute großer Witwenball

Wer sich unter einem „Witwenball" eine absichtenreiche Zusammenkunft der täglich angekündigten „älteren Jugend" vorstellt, wird zunächst arg enttäuscht. Das Bild des wirblig erfüllten Saales zeigt in der Hauptsache „Junges Gemüse", das nichts als tanzen und immer wieder tanzen will. Hier und da fischt der Blick einen älteren unternehmenslustigen Herrn oder eine reifere Schöne heraus, die das Eingangsplakat bestätigen könnten. Aber auch hier liegt die Vermutung nahe, daß die „Witwenschaft" aus Stroh ist!

Das Mikrophon des „Maitre de plasier" des Tanzlokals, der mächtig mitschwitzt, zuweilen von einer ebenso bewaffneten, heftig ondulierten Partnerin sopranistisch begleitet, vergrößert gerade die jeweiligen Schlagermelodien in den Saal hinein, der sie schmelzend mitsingt: „Schenk mir Dein Herz, mach's Fenster auf – ssst – ssst – ssst!" während die Paare durch „Abklatschen" abwechselnd den Partner abspenstig machen (eine niederträchtige Grausamkeit!).

Das unvermeidliche „Schwänzchen" verlängert das Walzer- oder Rheinländer-Vergnügen zwei Minuten, und pausenlos, mal aus Blech, mal aus Saiten strömend, hängen sich die Tanzketten aneinander, stets von einer mehr oder weniger geistreich durchgetuteten – und trotzdem unverständlichen – Rede des Tanzmeisters verkündet. Neckisch wird die Kapelle, wenn sie zu einem bayrischen Ländler sich grüne Sepplhüte aufsetzt, gefühlvoll der Saal, wenn er rot verdustert wird, kinderselig die Paare, wenn es „Bonbonregen" setzt. Aber abseits hat sich, unter Auslassung eines Tänzedutzends, hier und da schon etwas angebahnt, sitzt stillverkrümmt abseits, glücklich umärmelt da gelandet, wo der Titel des Abends hinführen sollte:

Zu einer zweigleisigen Lebensbejahung. Und die glitzernden Glanzpapierketten an der Decke und die Blechdekorationen schimmern durch die Rauchnebel des ferne summenden Saales.

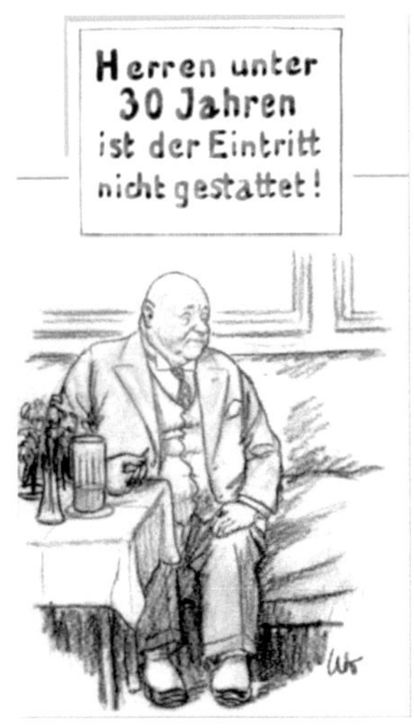

Das „Mauerblümchen"

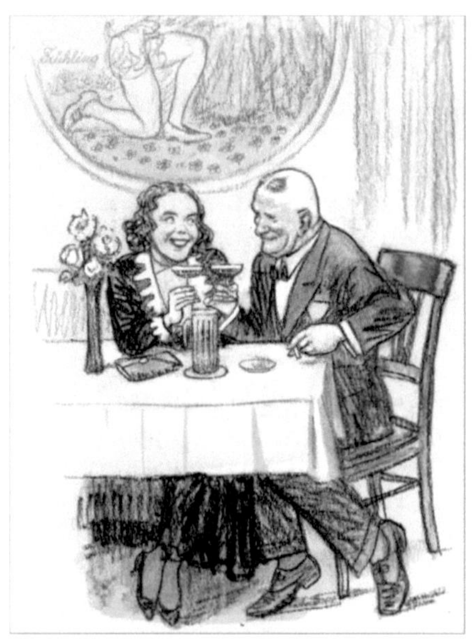

Ein Likörchen – der Anfang
„Sie scheinen mir ein kleiner
Rattenfänger zu sein, mein Herr!"–
„Geraten, meine Gnädigste,
Desinfektionsanstalt modernsten Stils!"

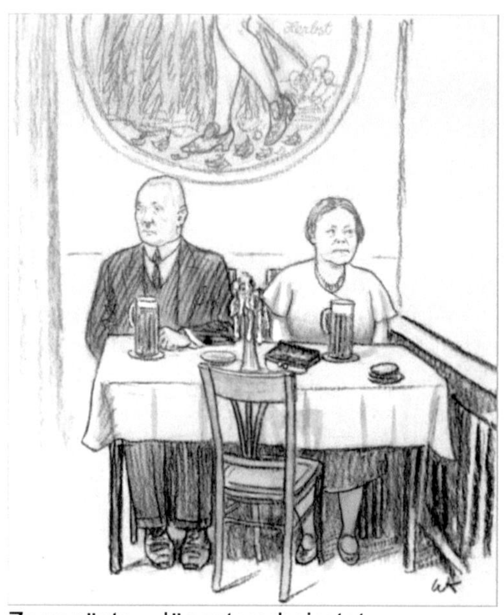

Zaungäste – längst verheiratet.

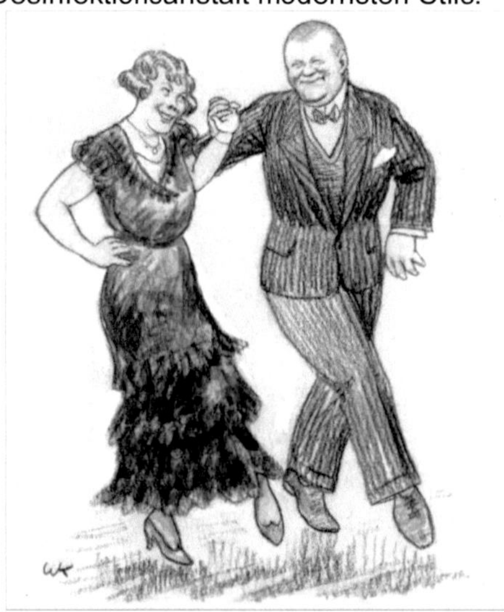

„Sie tanzen, als ob Ihre Wiege am Rhein
gestanden hätte!" – „Hat se ooch,
Frollein! Hat se ooch! Aber Muttern hat
mir erst in Pankow rinjelegt!"

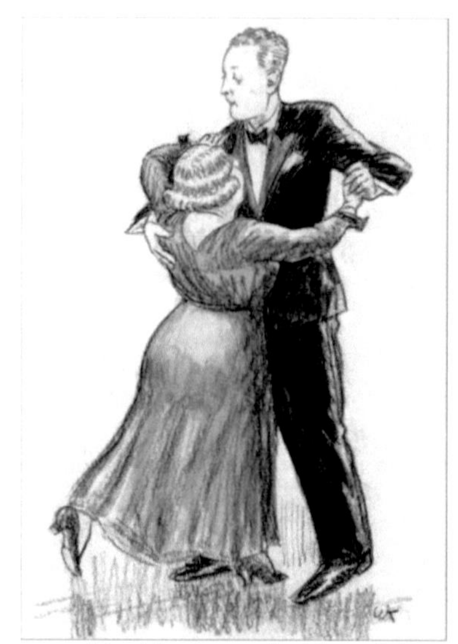

Damenwahl. „Hach, mein Herr, ich
glaube, Sie sind ein berufsmäßiger
Pickolo!"

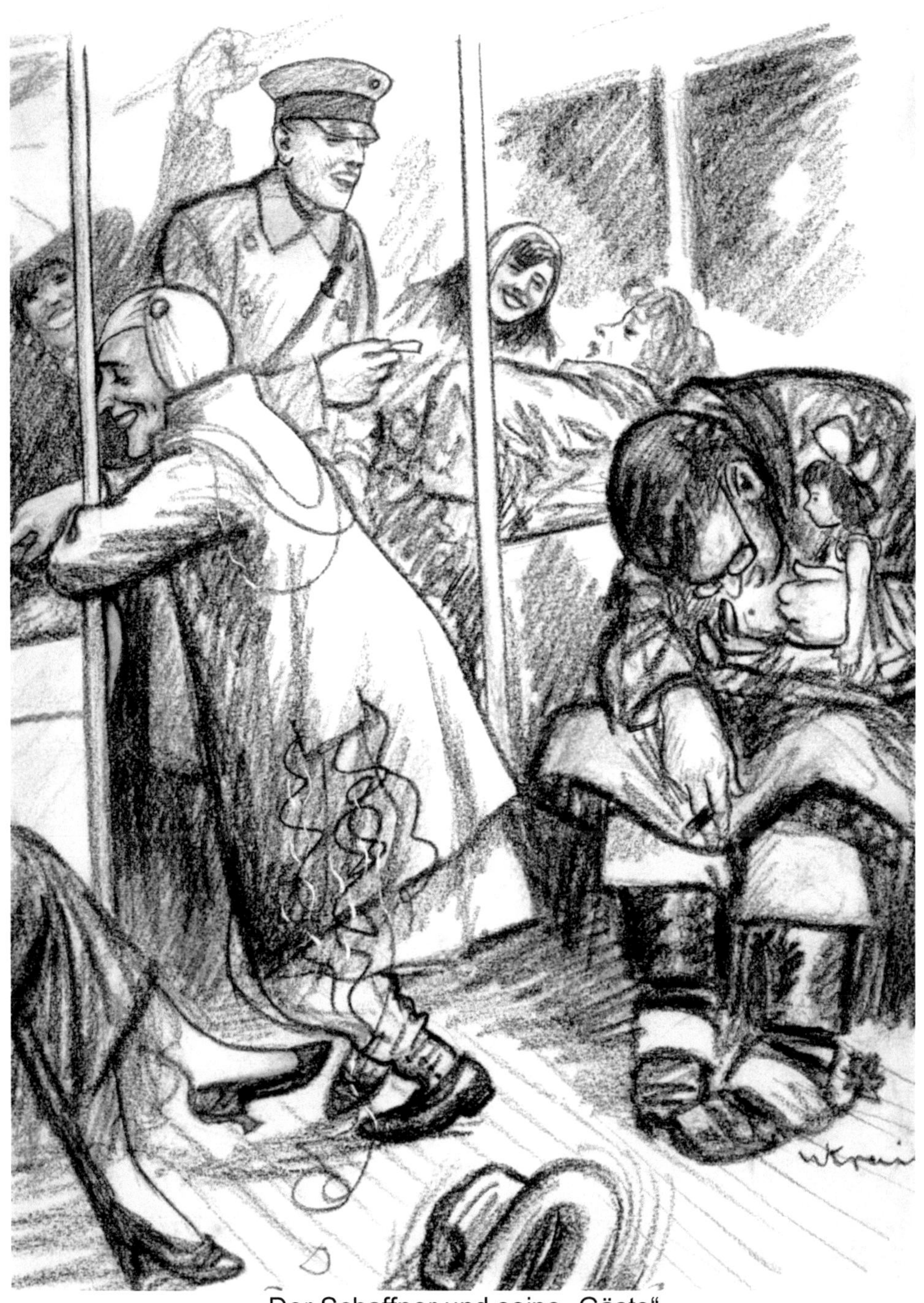

Der Schaffner und seine „Gäste"
im „Lumpensammler"

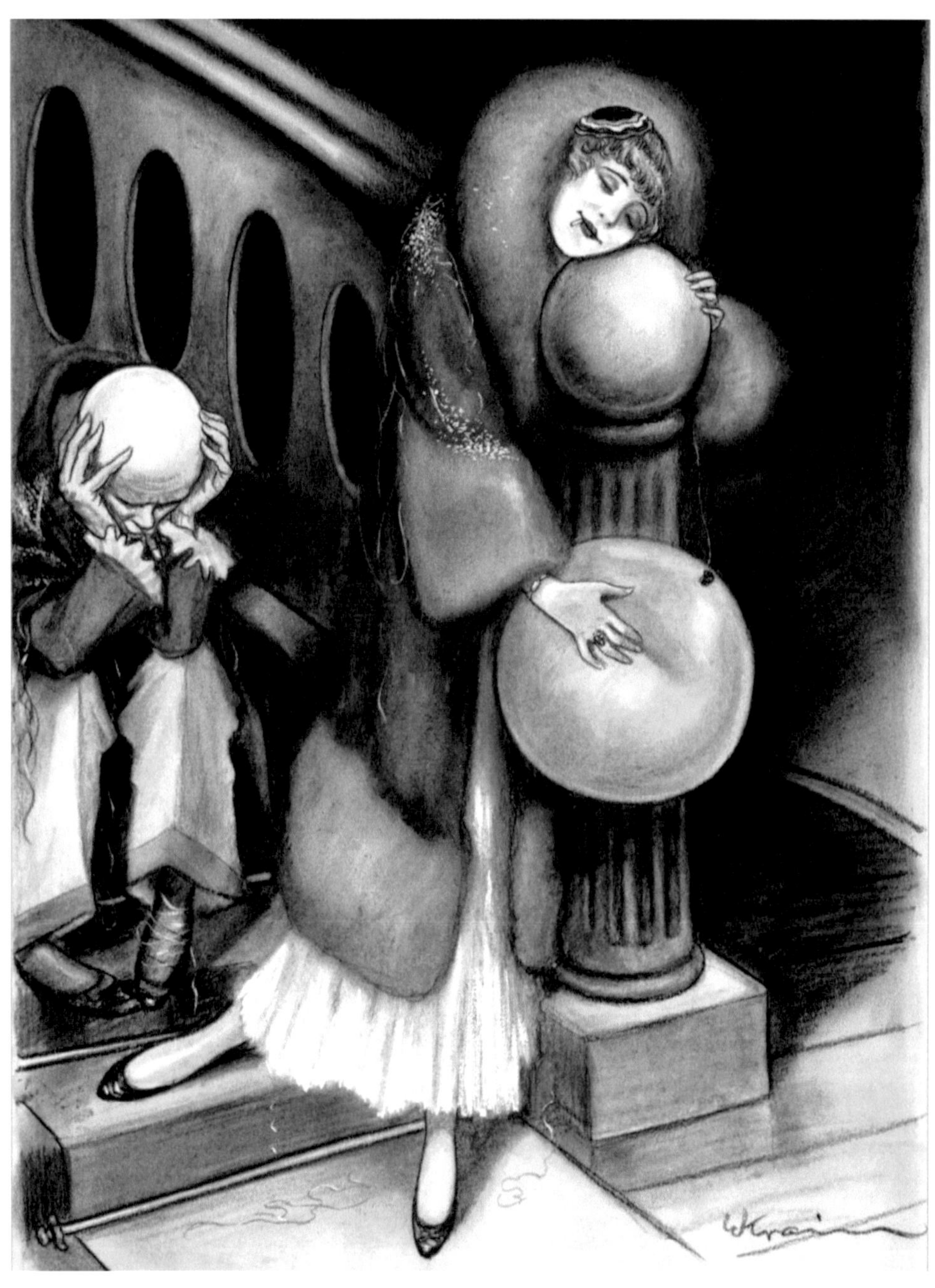

„Ball"-Geflüster: „Aber H-Herbertchen! Bei d e r Kälte! Deck Dich mal besser zu –
und vor allem: Tu' mal endlich bald was – g e g e n   D e i n e n   H a a r a u s f a l l!"

Auf der Suche nach einer neuen Wohnung

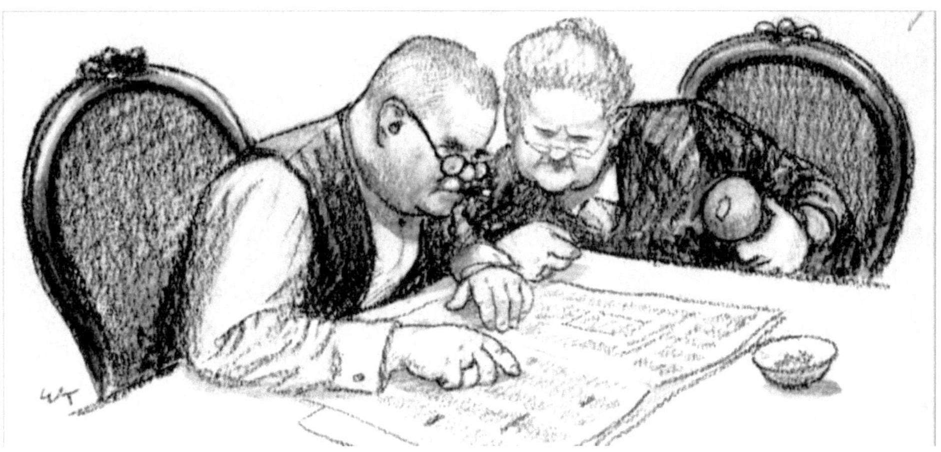

So fängt es an: „Mutter – wir wohnen jetzt zu teuer – hier wär' ne Wohnung für uns!"

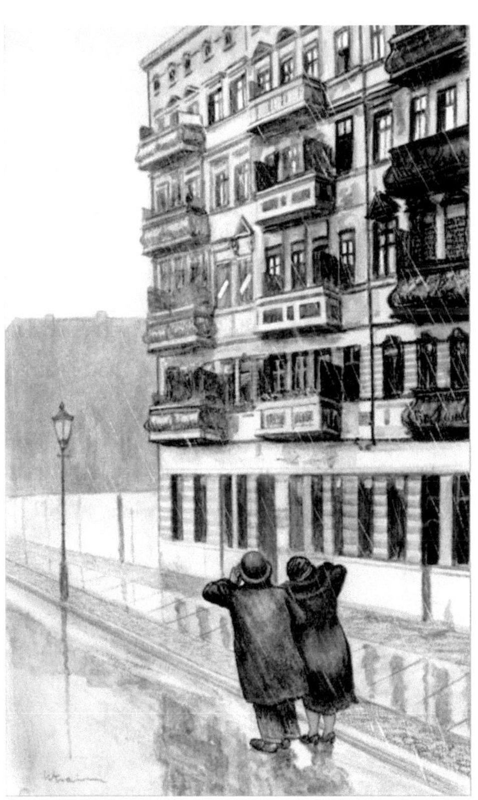

Entdeckungsreise nach Jot-we-de: „Na, scheen is' die Jegend ja nich." – „Und zieh'n tut's hier ooch nich zu knapp..."

Im Siedlungsblock: „...und hier is die Jelejenheit – allens neu renoviert von Künstlerhand!"
„Viel zu klein, Mathilde – alles viel zu klein für uns!"

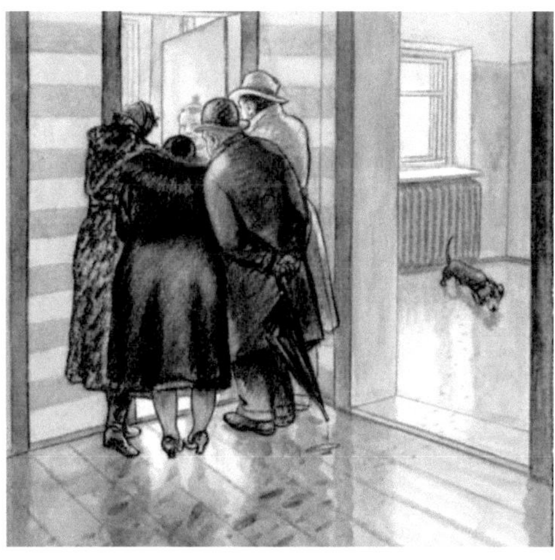

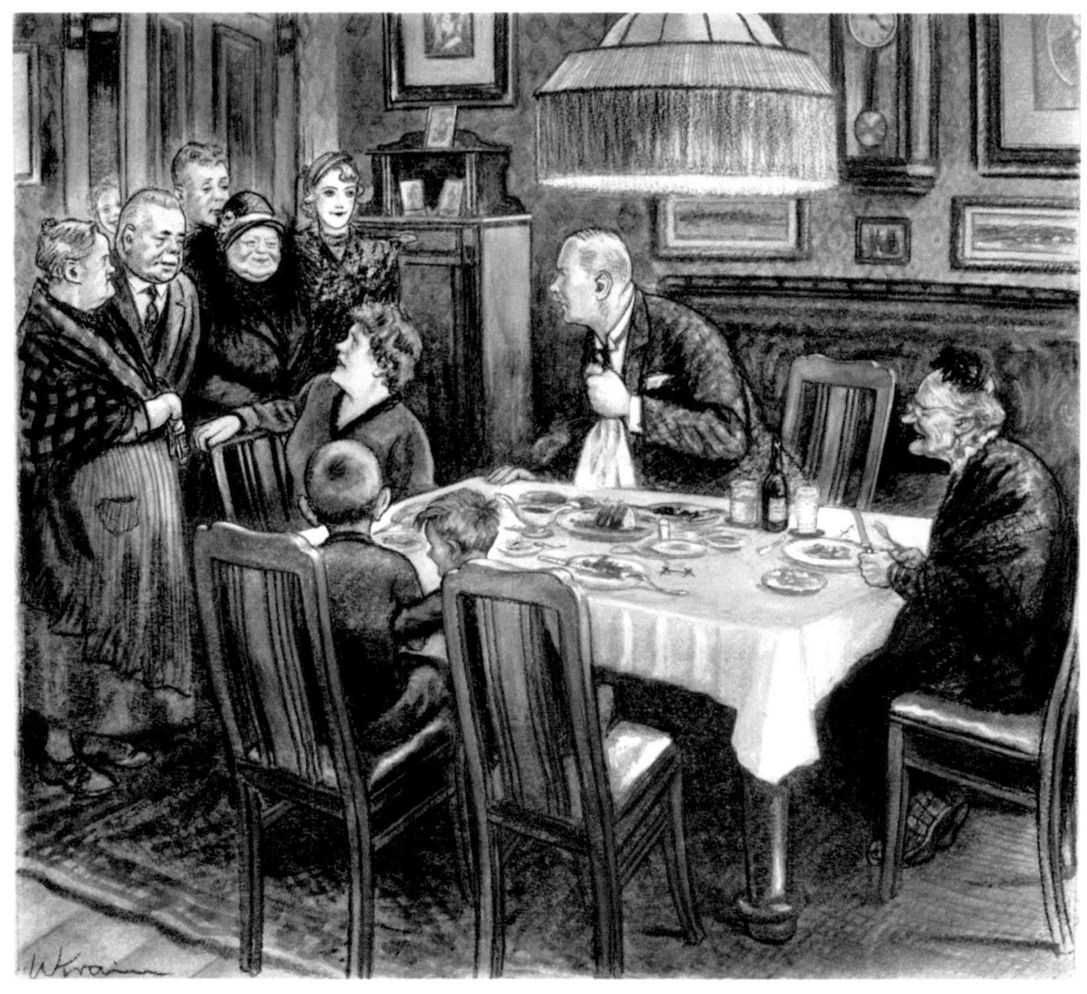

Wohnungsbesichtigung zum sechsten Male:
Die Portierfrau: „Entschuldigen Sie bitte die Störung – die Herrschaften wollten die Wohnung gern nur noch ihren Kindern zeigen."
Die Hausfrau: „Ausgerechnet immer zum Mittagessen!"

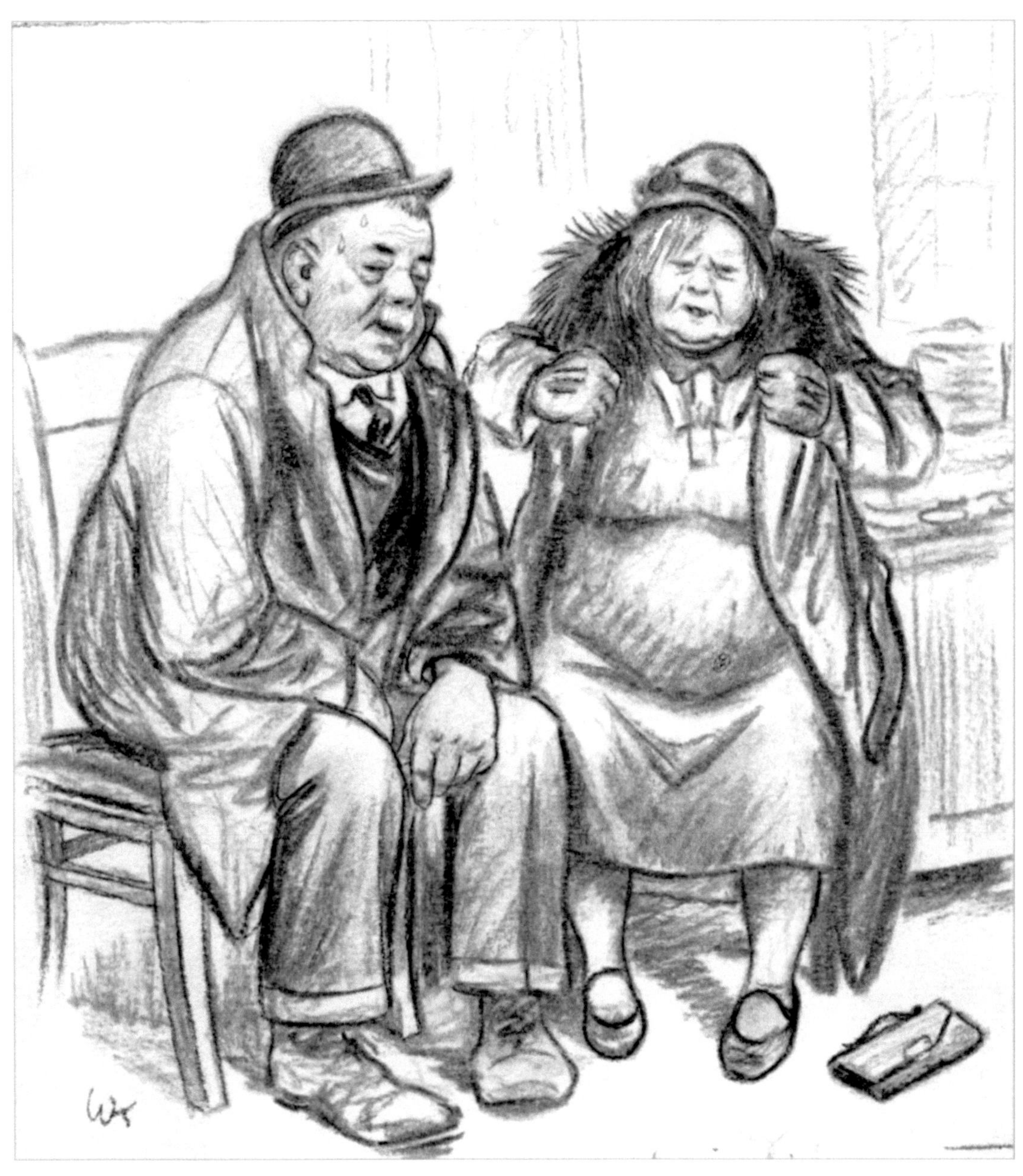

Abgekämpft. „Ach, die vielen Treppen!" –
„Ich kann ooch nich mehr. Nehmen wir schon die billige da draußen..."

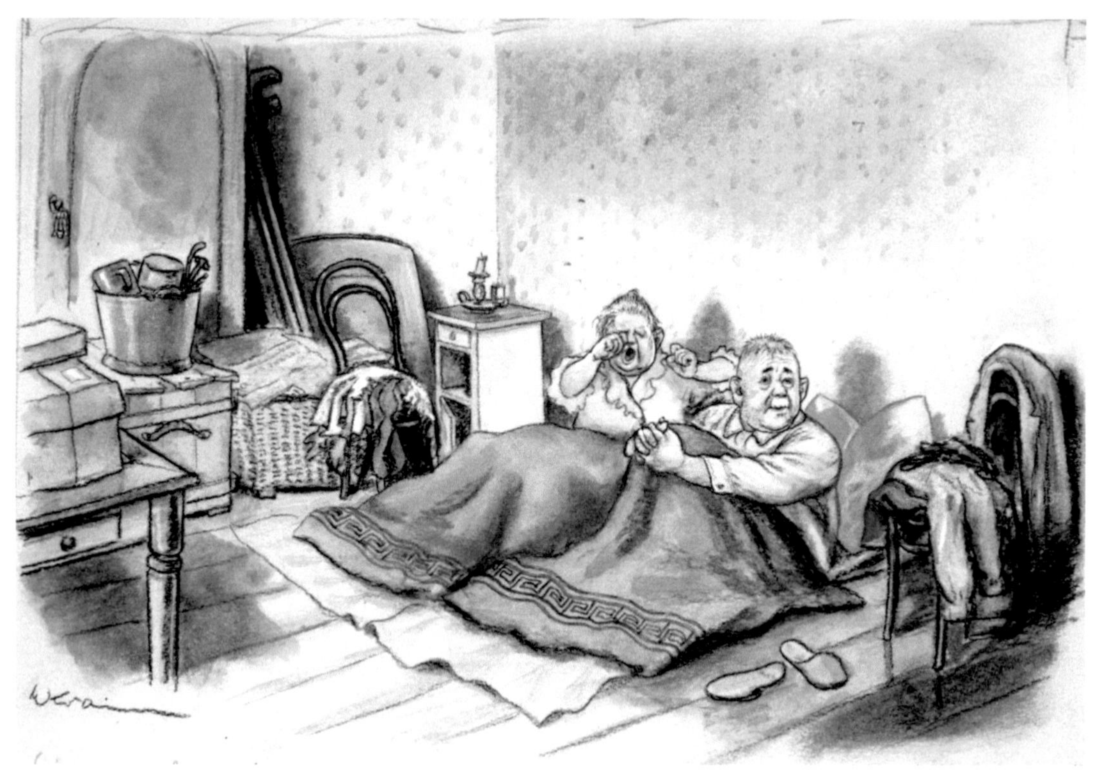

So hört es auf. Das Erwachen im neuen Heim:
„Du, ich glaube, wir haben doch keinen Platz!..."

Möbliertes Zimmer zu vermieten

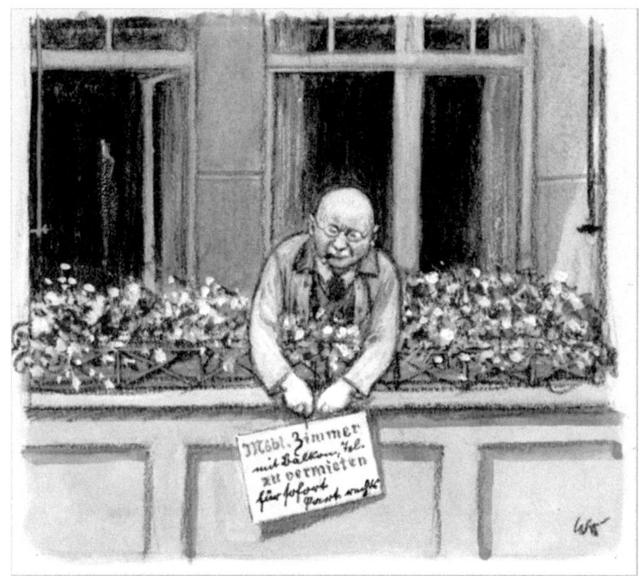

Vater hängt wieder mal knurrend das bekannte Schild heraus.

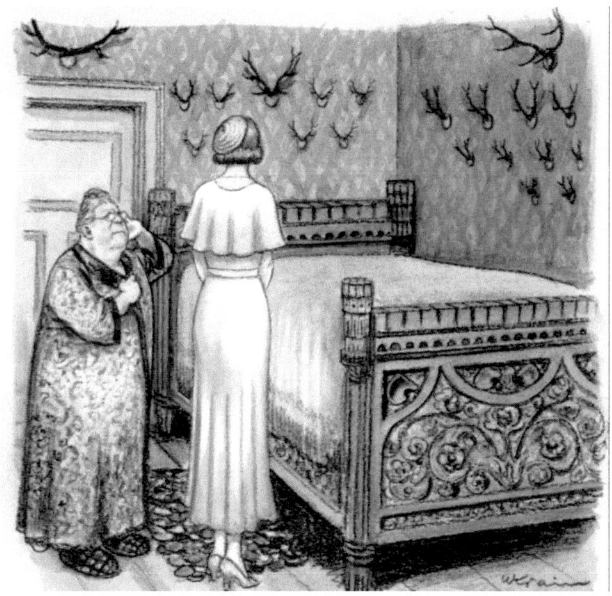

Die Verdächtige. „Ich hätte lieber eine Couch als Bett – "
„Nee, Frollein – nen ‚Kautschuckbette ham wia alladings nich,
da missen Se sich schon weiter bemiehn!"

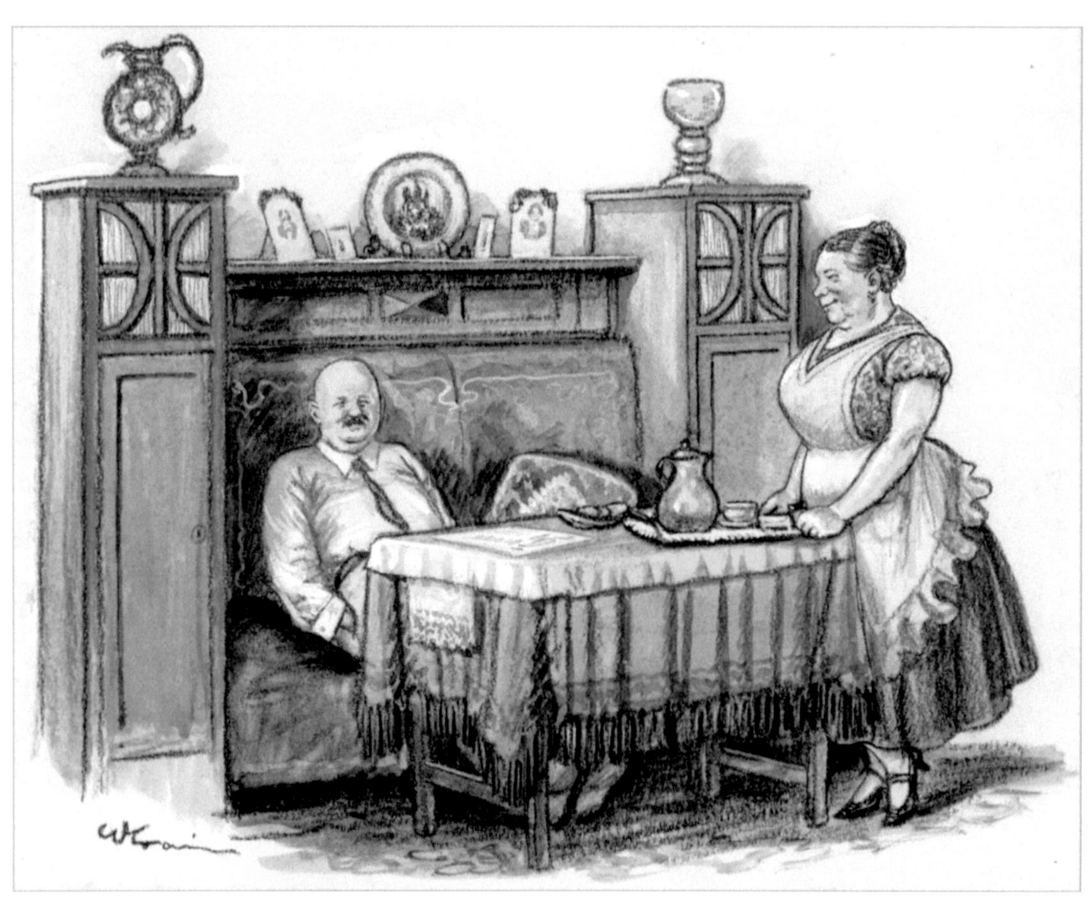

Zimmer mit schöner Aussicht...

„Ich frei' mich, daß Se sich bei mir wohlfiehlen, Herr Grause, sähnse – ch woor nämlich zweemol verheirot' – niwwohr – mei' Gustav un' mei Emil hab' 'ch's ooch immer soo gemiedlich gemocht, neja, 'ch hab ja ooch allen Gommfor, niwwohr – da brauchd'n se garnich erscht umzieh'n – niwwohr – die ham ähm glei' bei mer wohn' bleim genn..."

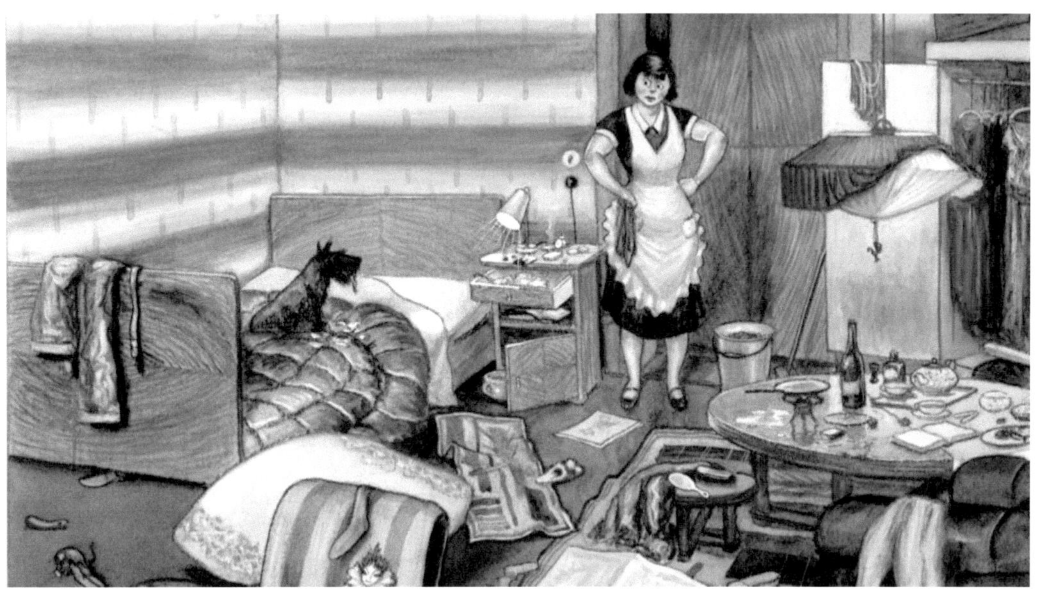

Das gnädige Fräulein ist eben ausgegangen...

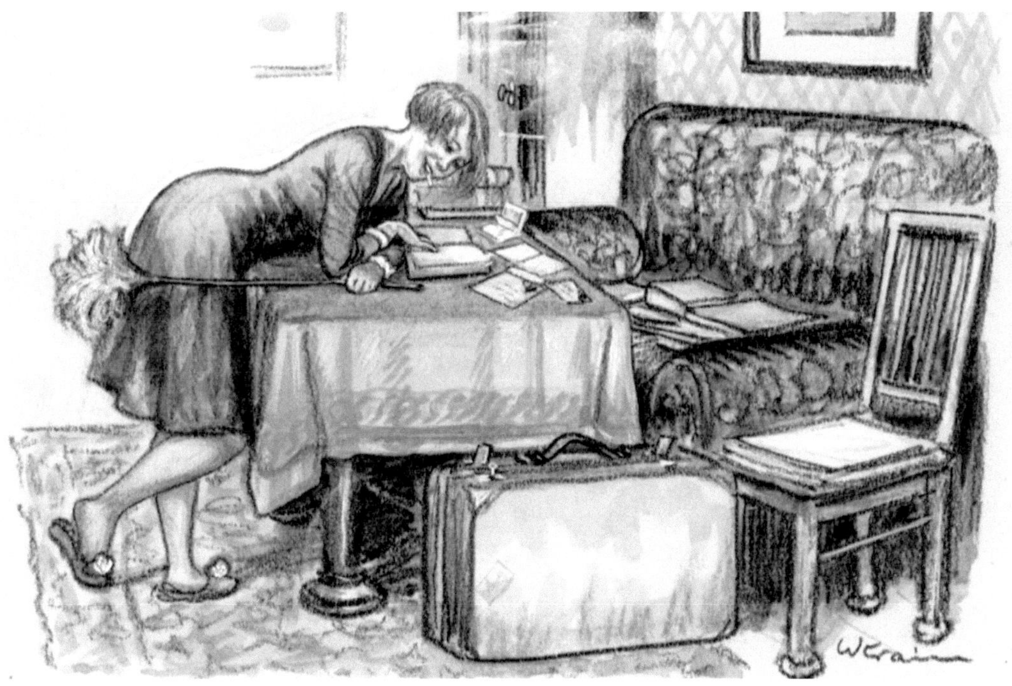

Lieschen, die filia hospitalis, interessiert sich lebhaft für die Post, die Zigaretten und die vielen hübschen Bücher des möblierten Herrn Doktors...

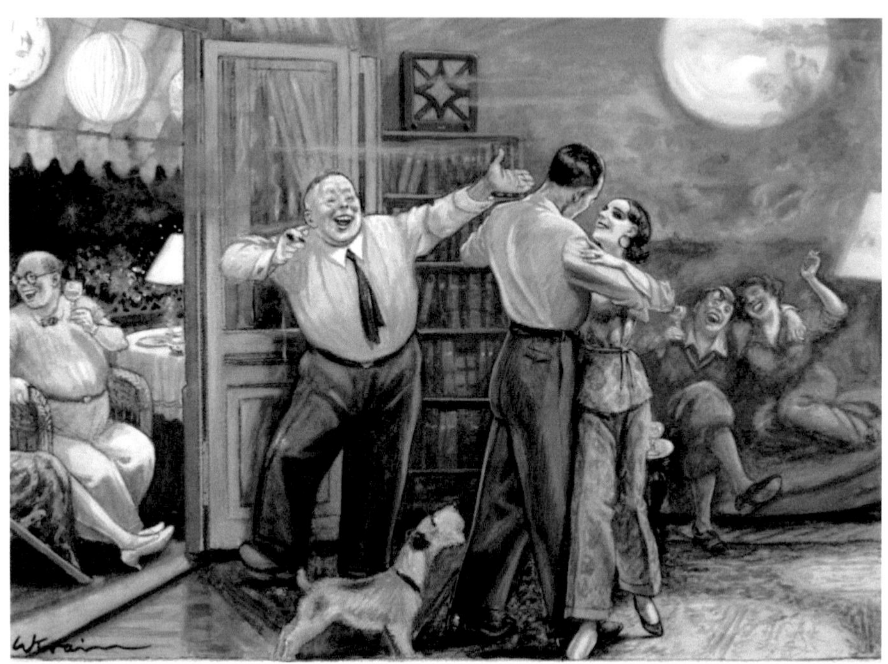

Der neue Mieter von nebenan feiert „Italienische Nacht"!

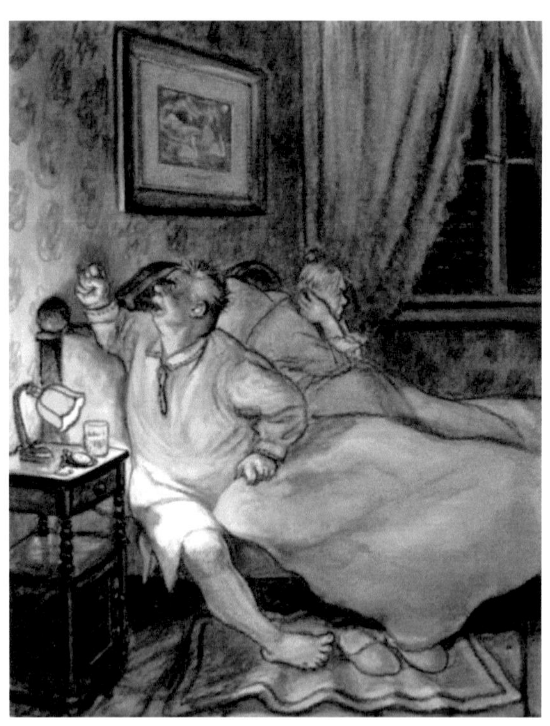

Die Ballade vom Wasserrohrbruch

In des Schlafes tiefster Grube
Mitternacht ist längst vorbei
Tackt es rhythmisch in der Stube
Samstag – Sonntag nachts um Zwei.
Spuken Geister, knabbern Mäuse,
Feilt ein Dieb, ist Rebellion?
Licht gemacht in dem Gehäuse.
Tobt ein tanzender Dämon?
Pitschpatsch, pitschpatsch,
pängpängpäng
Immer schneller pengpengpeng!
Meine Güte! Das ist Wasser!
Baby plärrt schon Angst und Bang!
Seine Nase ist ein nasser
Klatschbezielter Tropfenfang!
Endlich wird auch Mutti munter:
Was ist los? Na merkst Du was?
Es geschehen heut noch Wunder
Baby ist von oben naß!!
Von der Decke auf die Decke
Unsrer Betten, unsres Tischs
Klackt es, strömt es aus der Ecke,
Aus der Mitte voll Gezischs.
Aufwacht Bubi nun als Letzter,
Wenn ich nur noch nasser wär.
Au fein Papi so versetzt er
Holste da die Wasserwehr?
Nassgeklatscht das Haar der Köpfe
Eilst Du hemdlich durchs Gespritz,
Wannen, Eimer, Schüsseln, Töpfe
Werden Nothilfsuntersitz.
Da ein Schrillen in den Zimmern.
Dunnerkiel, was ist denn nu?
Dauerklingeln läuten immer
Kommt ein neuer Spuk hinzu?
In geheimnisvoller Weitung
Von dem nächtlich tollen Spott
Fuhr auch in die Klingelleitung
Noch zuletzt der Wassergott.
Bums, dafür ist zappenduster
Plötzlich rings das Zimmerlicht.
Aufgeweicht das Lampenmuster
Saust herab das Hängewicht.

Kreisens rinnen Wasserschleier
Wie des Parks Fontänenfluß
Über das, was gut und teuer
In des Heimes Finsternis.
In der Hosen karger Rüstung
Überall schon feucht und weich,
Eilst Du längs der Treppenbrüstung
Zu des Pförtners Kellerreich.
Bullerst ihn in kalter Nachtluft
Endlich aus gesundem Schlaf.
Seine Olle, die noch wacht, pufft
Ihn zur Wohnungstüre brav.
Herr Portier, ganz schnell Herr Assmann,
Mir ist alles überschwemmt!
Er begreift nicht gleich, na, was man
Ihm verzeiht, er steht im Hemd!
Endlich ist er mit im Zimmer,
Wo versammelt Weib und Kind.
Und er starrt nur aufwärts immer,
Weiß nicht, was kann das bloß sind?
Wasser ist es, Assmann, Wasser!
Wasserleitungsröhrenbruch!
Und wir merken leise, daß er
Trägt Geburtstagfeier-Ruh!
Er kanns immer noch nicht fassen,
Wie wir hintreppenwärts
Durch des Speichers dunkle Gassen
Tappen mit Laternenkerz.
Ausgerechnet morgen Sonntag,
Wo kein Klempner kommen tut,
machen alle so 'nen Krach,
Schimpft er in die Regenflut.
Endlich hat des Haupthahns Rohrschluß
Diese Quelle bass verstopft,
So dass nur noch kurz vor Torschluß
Leis es in die Becken tropft...
Eh' wir schnell vom Schlaf noch naschen,
Fragt Klein-Bubi blitzerhellt;
Au – kein Wasser? Fein! Da waschen
Wir uns morgen gar nicht, gelt?

Willibald Krain

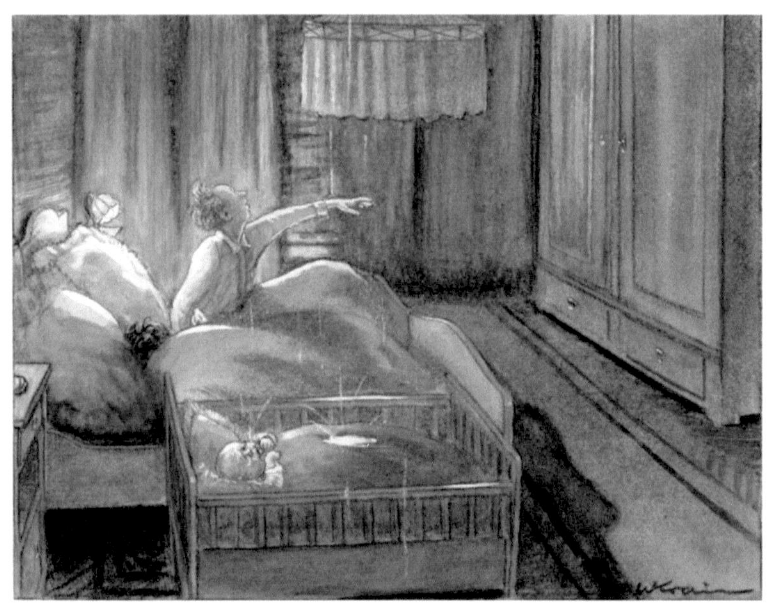

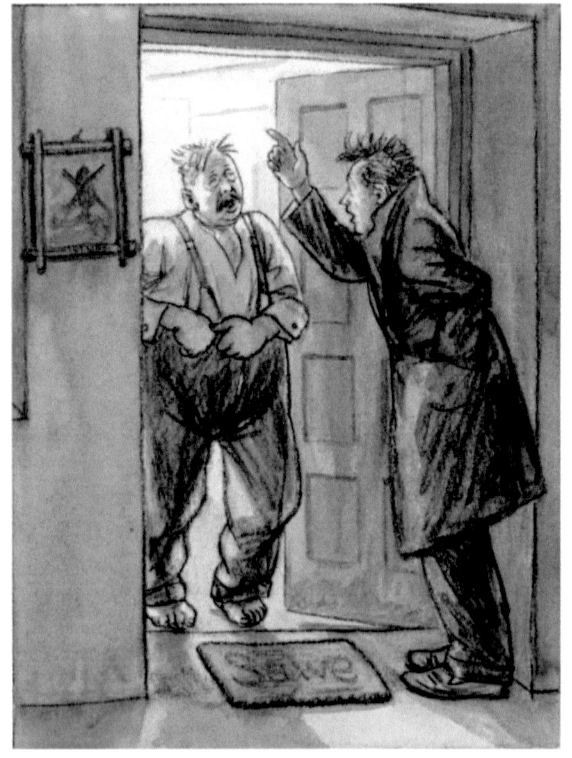
Save

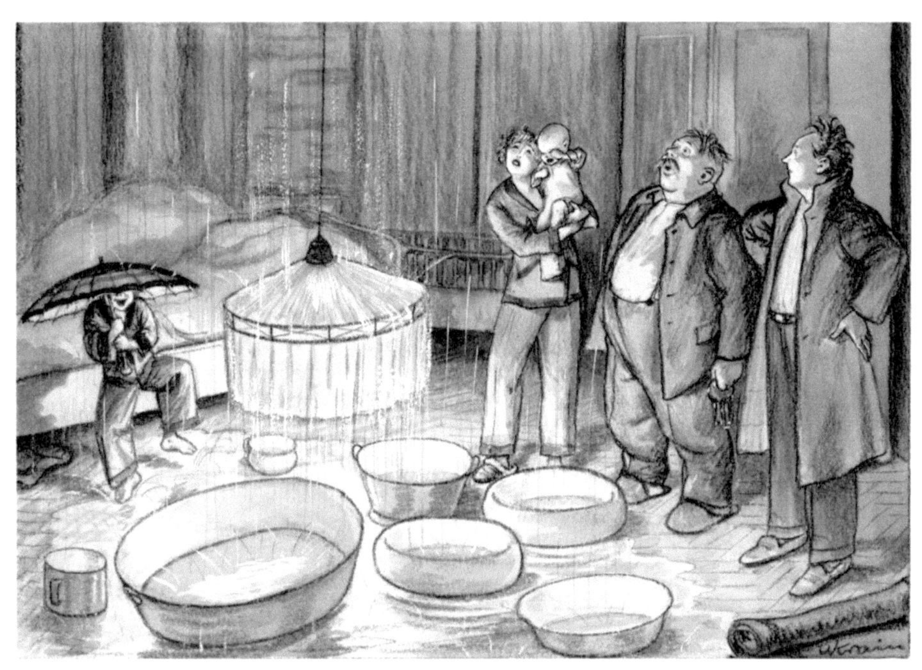

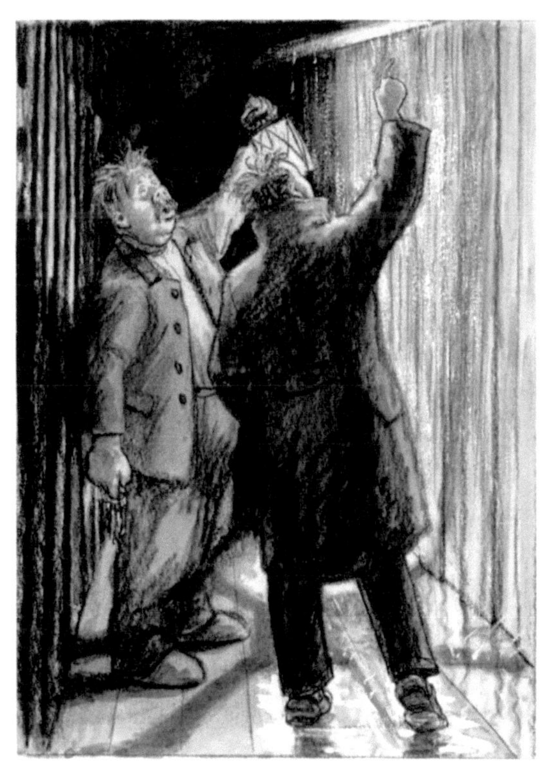

Warten!

Warten**können** ist ein erlernbarer Beruf wie Seiltanzen. Aber es ist nicht jeder dazu berufen. Warten**müssen** ist eine Strafe wie Gefängnis, die jeder von uns oft und oft erdulden muß. Im Steckkissen fängt es schon an, als wir auf unsere Milch warten müssen. Da konnten wir wenigstens brüllen, um unsere Ungeduld primitiv erkennen zu geben. Das geht später nicht mehr. Beim Militär z.B., dem klassischen Warte-Training schon gar nicht! Ach – und dann bei den Behörden! Da lernen wir es endlich gründlich. Welche Regierung uns auch regieren mag, es wird auf allen Ämtern „Warten" geübt. Meist von 9 bis 1 Uhr. Und damit wir es auch in kleinerem Maßstabe lernen, haben wir ja auch besondere „Wartezimmer". Die Vorschmerzenzimmer der Ärzte. Allen Orten dieser beschaulichen Tätigkeit gemeinsam ist die gesunde Atemübung des Seufzens. Das ist der stille Ersatz fürs Brüllen (siehe oben). Manchmal kommt aber das Brüllen noch nach! Nach dem Warten, wenn wir es uns erlauben können, gibt's eine gehörige Wucht Schimpfe – doch das dürfen nur die Vertreterinnen des schwachen Geschlechtes sich erlauben, denn sie sind nicht so geduldig wie wir Männer im Warten. Man kennt ja die alten Sagen von Gardinenpredigten nach Vereinsabenden etc. Die gleichen Damen haben uns aber in jüngeren Jahren gummilang hingezogen, als wir auf sie beim Rendevouz warten mußten. Und dann mußte das zermürbte Gramgesicht aber schnell ins „Ach das war ja nicht so schlimm" Lächeln wechseln, sonst war „man", d.h. „sie" beleidigt! Na, Hand auf's Herz, dieses Warten war ja auch immer noch das Schönste! Denn es wurde – meist wenigstens – belohnt! Wenn es nicht ganz zu Essig wurde.

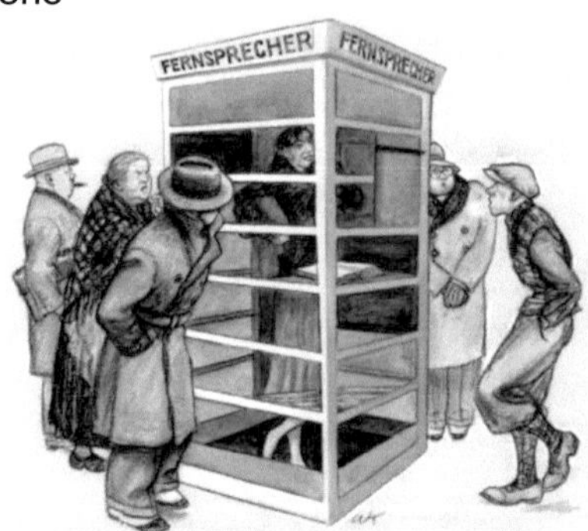

11 Grad Kälte. *Stimme von drinnen*: „...außerdem könnte ich vielleicht das blaue Crép de Chine – weißt Du? Das mit dem chicen Einsatz – was sagst Du? Ach hör mal, da fällt mir eben ein, das hab' ich Dir ja noch gar nicht erzählt – hahaha, nein, das war ja so ulkig gestern Abend mit Hans – – –"
Stimmen von draußen: „Zum Kuckuck noch mal, jetzt quasselt die Ziege schon geschlagene 15 Minuten. Sie Fräulein, Eisbeine haben wir schon, aber Ihren Sauerkohl kann man nicht vertragen!"

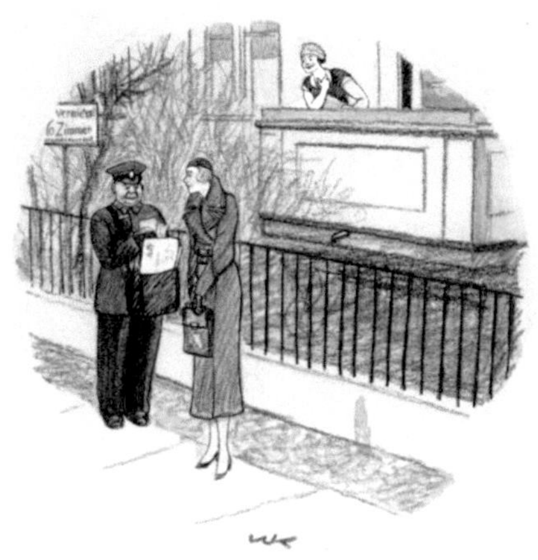

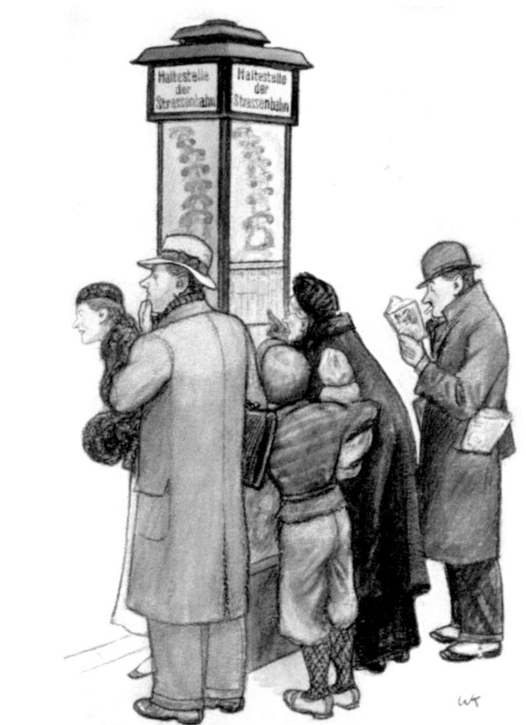

Der Vielerwartete – „Nichts dabei,
Fräulein Schmidt."

„Seit ich hier stehe, ist mein Bart
einen halben Zentimeter
gewachsen! – Aah! Da hinten
scheint die Bahn zu kommen..."

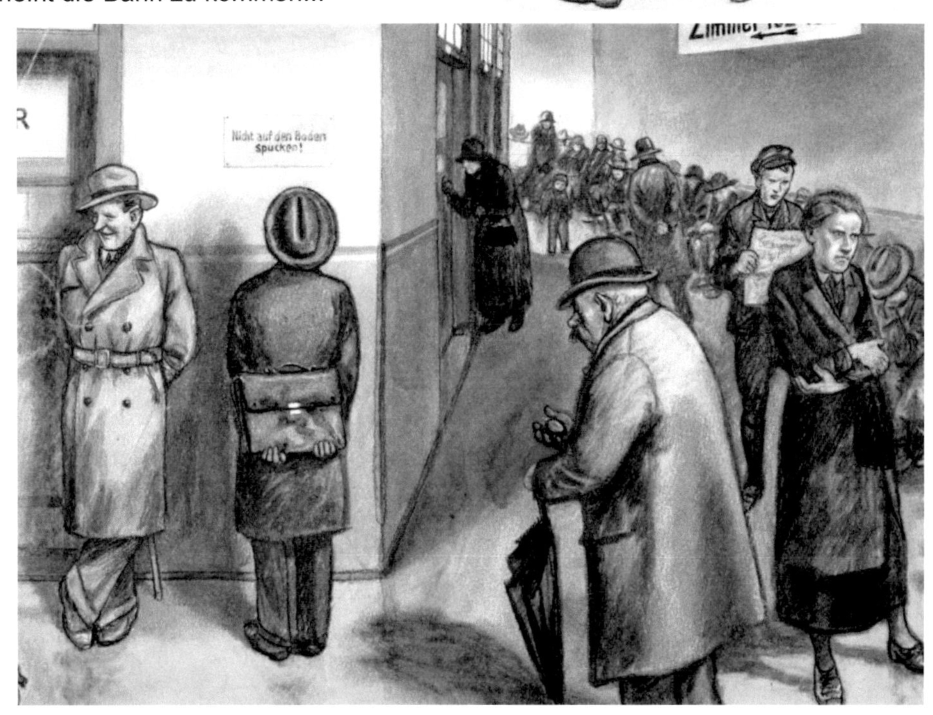

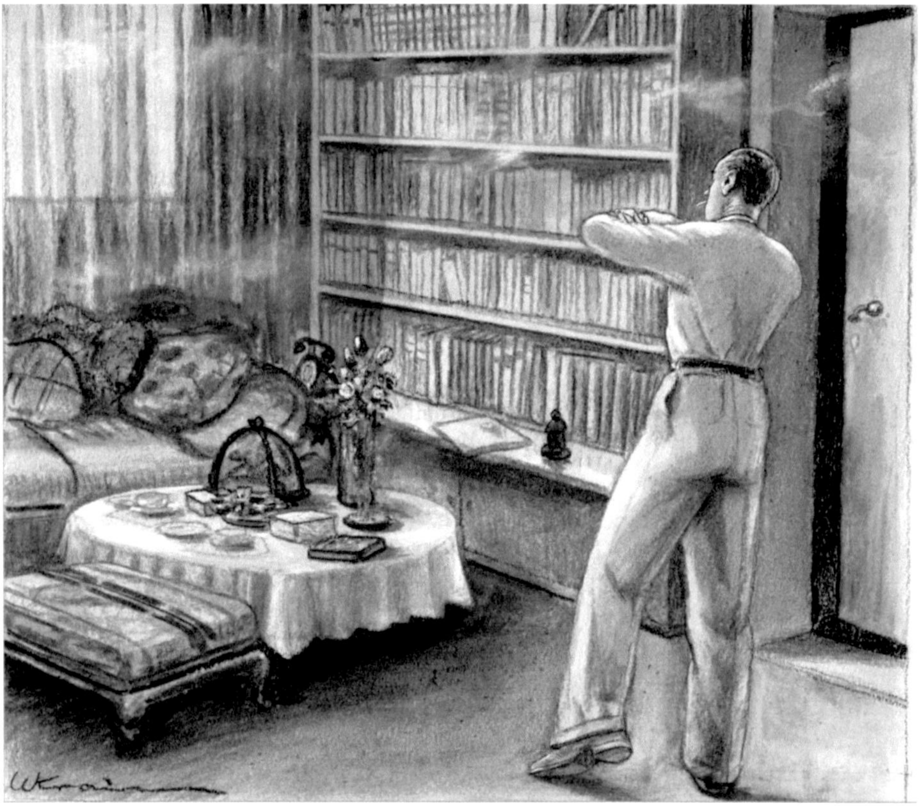

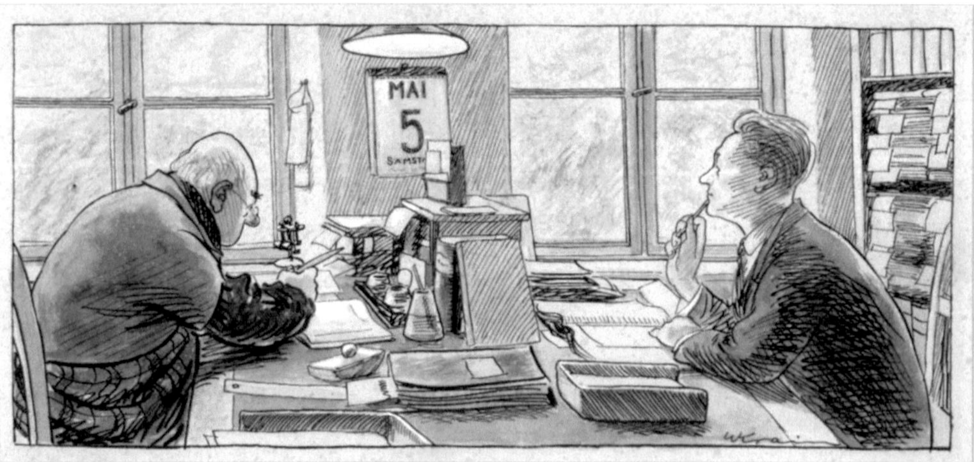

Warten... auf... Sie... – – –   Anderthalb Stunden vorbei – nun kommt sie doch nicht mehr..."

Frühling im Büro

Der ewige Kalender

Januar

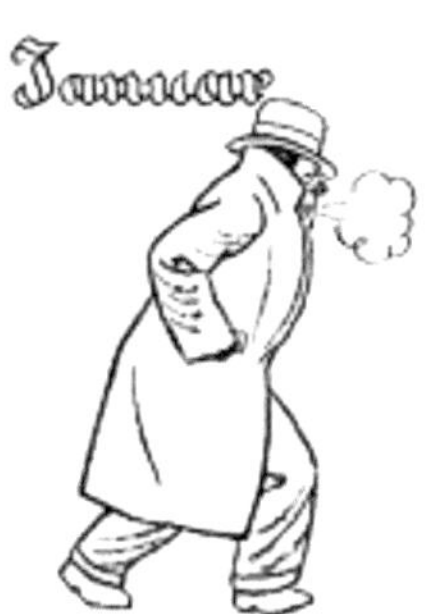

So a Saukält'n, so a sibirische, is scho a bissl z'vui Winter!

Februar

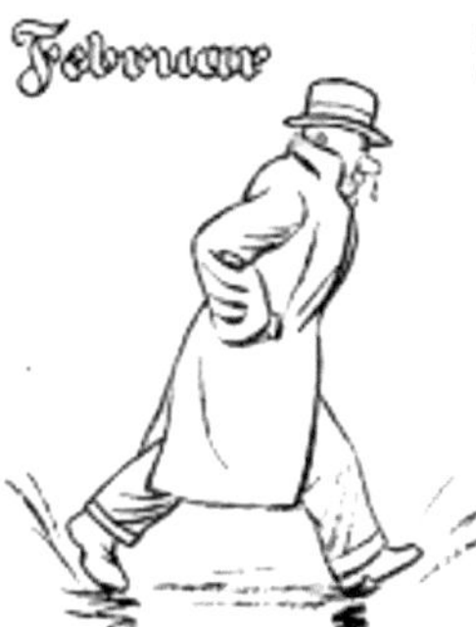

Ekelhaft, dös Matschwetter, dös damische!

März

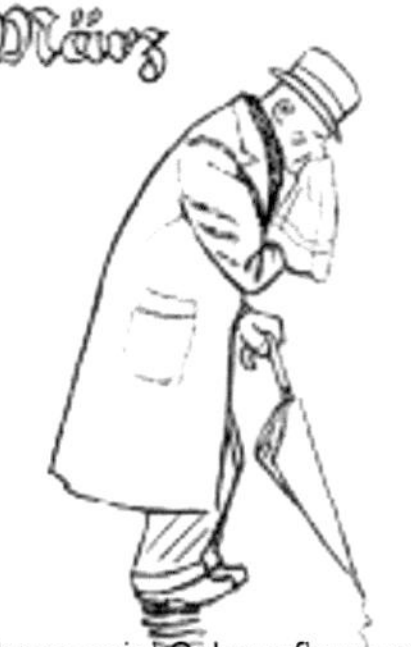

Ob ma sein' Schnupf'n no amoi los wird bei so an „Frühlingsofang"!

April

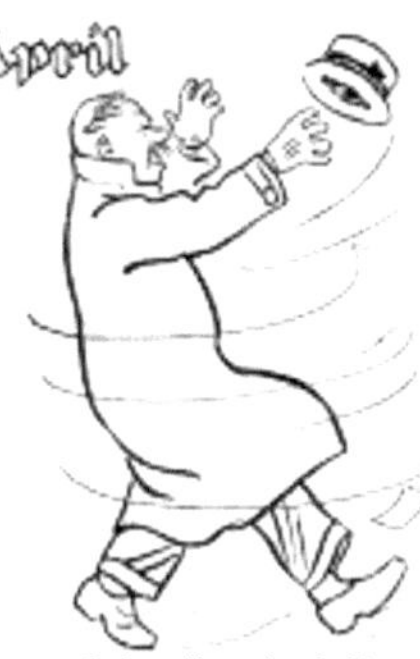

Sakradi – oiwei dös windige Lüfterl, dös windige!

Mai

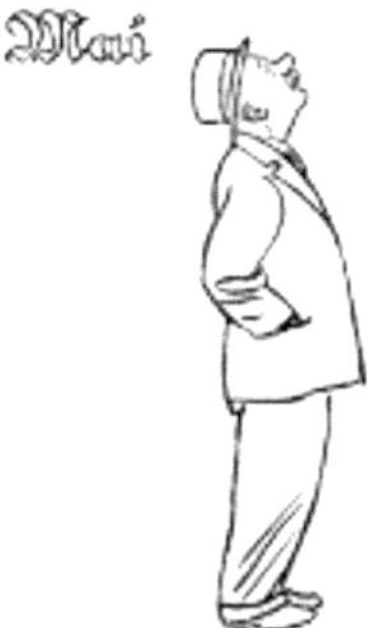

Ja „Mai" – a bissl mehr Sonnenschein könnt's scho fei geb'n aa!

Juni

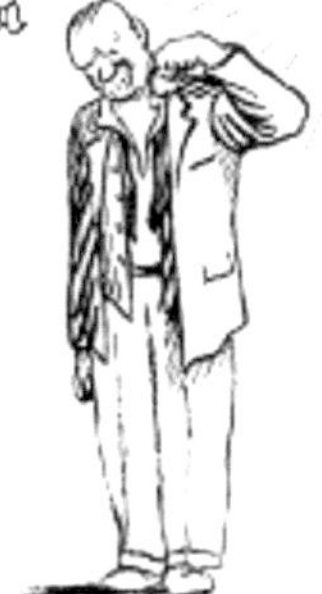

Ja muaß denn glei aso hoaß sei?

Juli

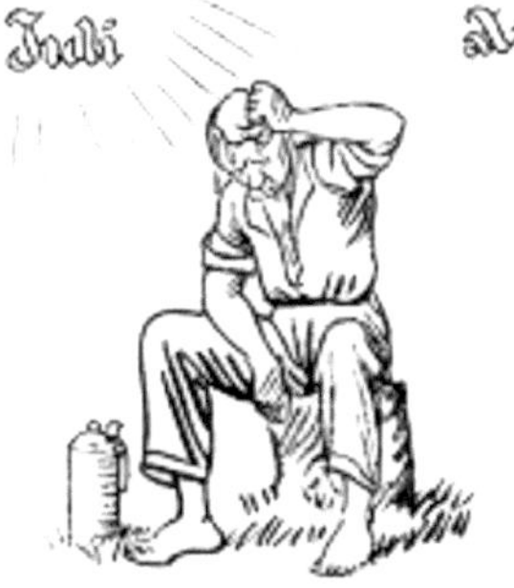

Jetz' nacha bei dera Hitz'n, dös is scho gar nimmer zum Aushoit'n!

August

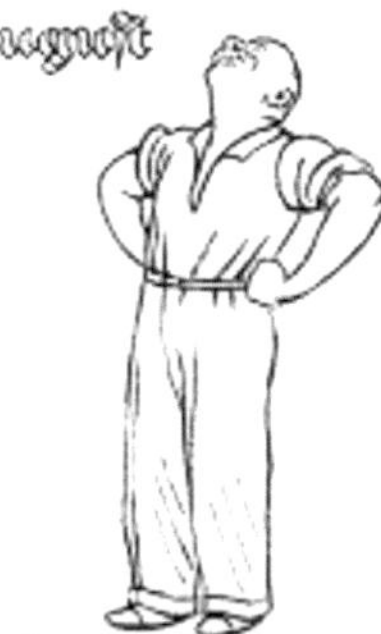

An Regen wann's endli amoi geb'n daat!

September

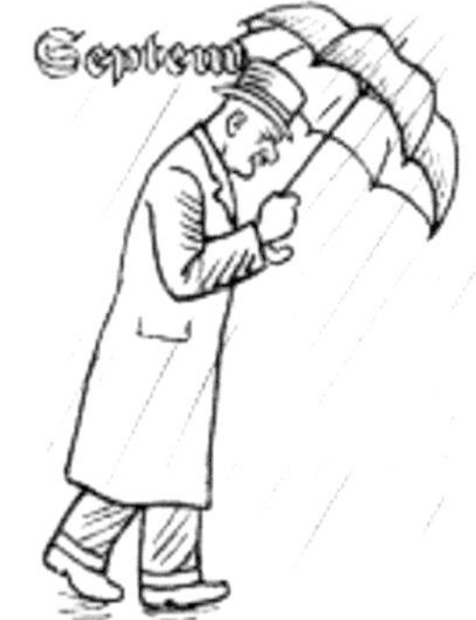

Oiwei Regen! Gar koan recht'n Sommer hamma net g'habt, na is er scho hii!

Oktober

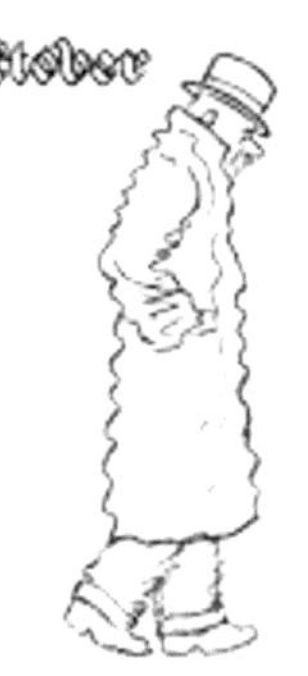

Nacha geht dös damische Friern aa scho wieder oo!

November

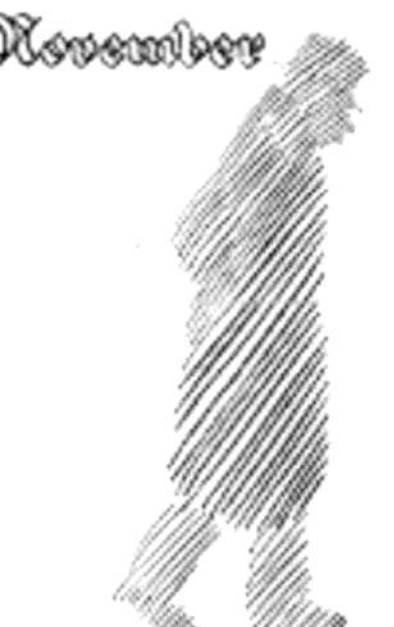

Der Malefiz-Nebel, wann's halt a wengerl frier'n daat!

Dezember

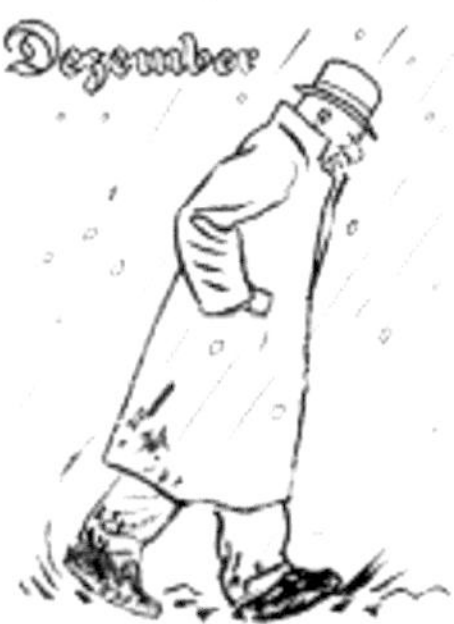

So a Dreck soll a „Weihnachtswetter" sei! Is scho a G'frett, dös Joahr!

(Da capo al fine!)

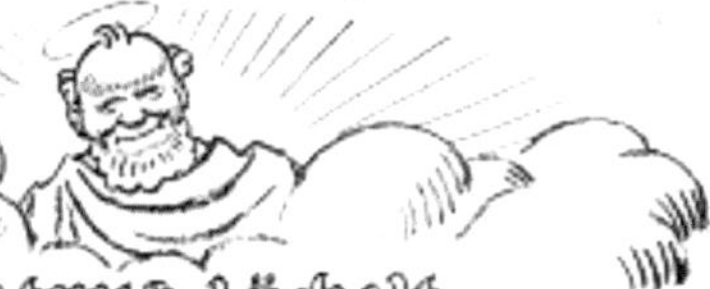

Und Petrus lächelt...

Das Firmen-Jubiläum

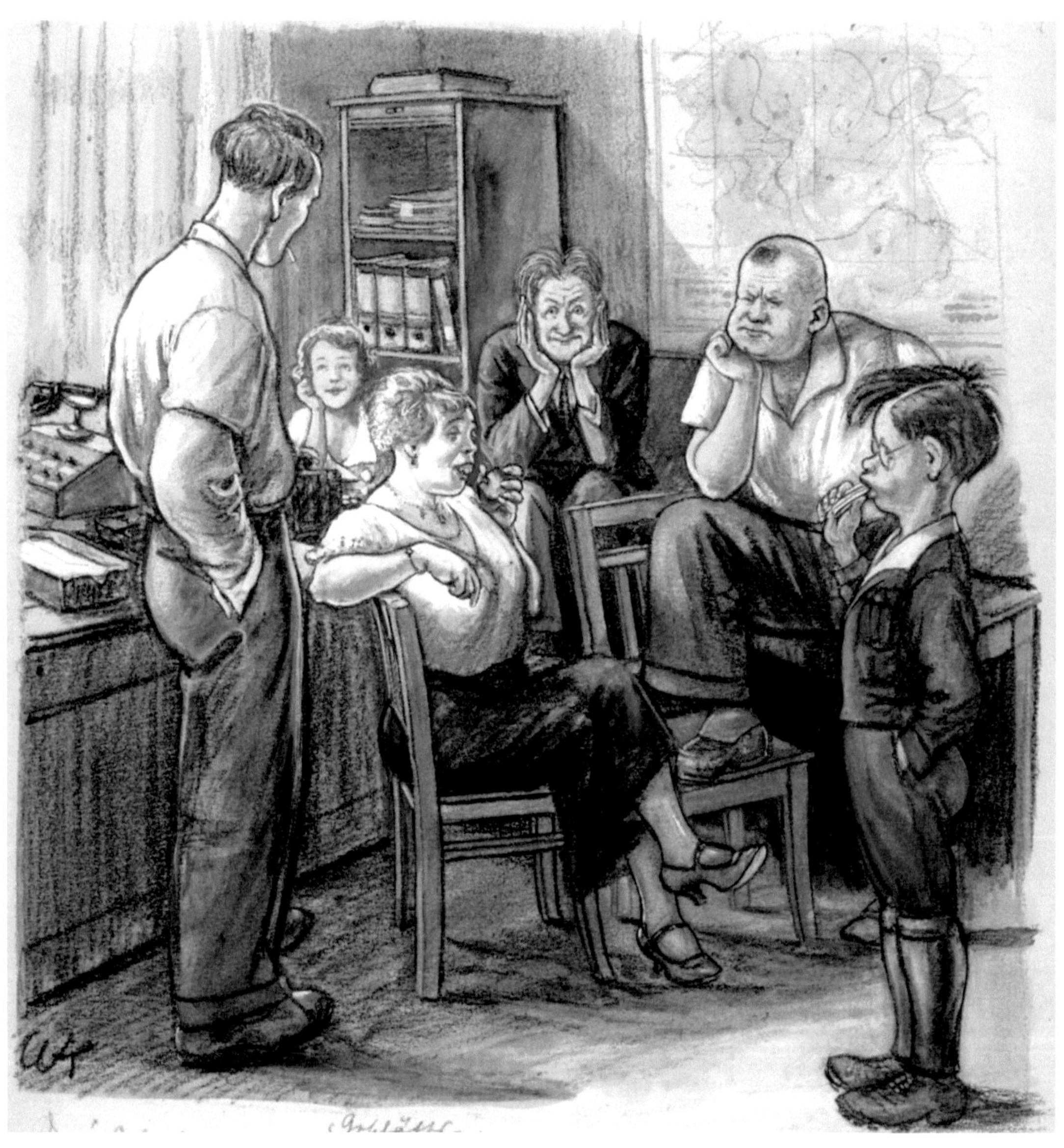

Drei Wochen vor dem Geschäftsjubiläum. Beratungen des Personals:
„Na Kinder, was schenken wir unserem guten Alten?"

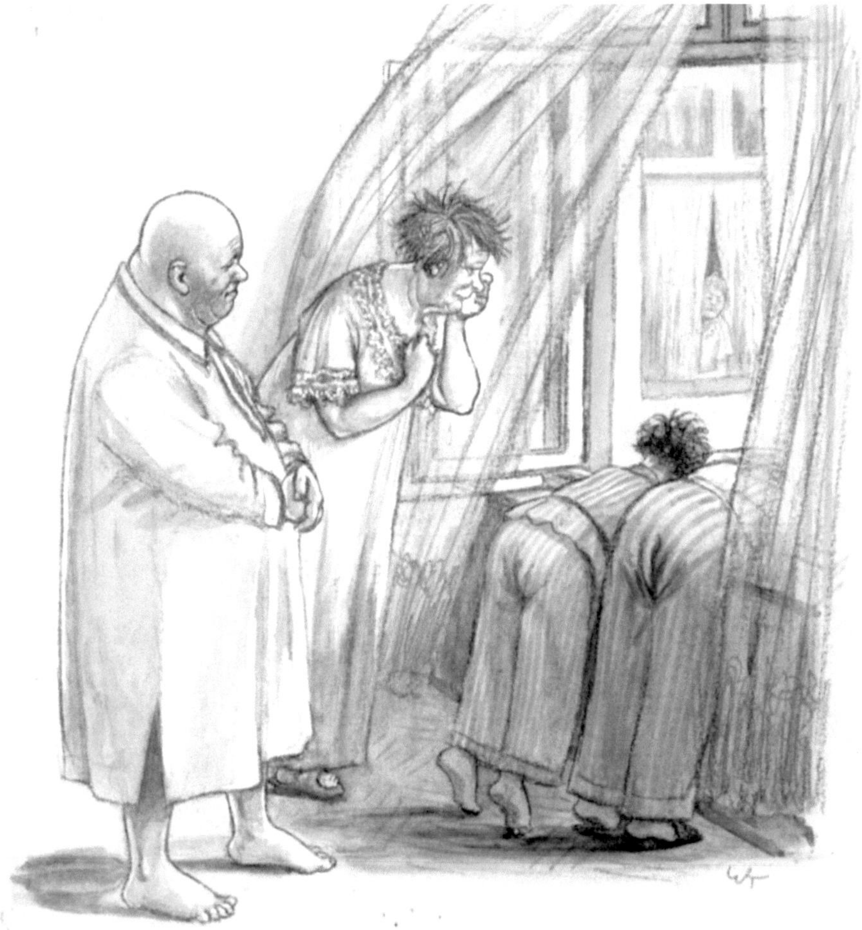

Das große Wecken um halb sieben.
„Gustav!! Ein Ständchen – f – für Dich – f – vom Personal! – f – f – ‚Aus der
Jugendzeit' – f – Gott, wie rührend!"

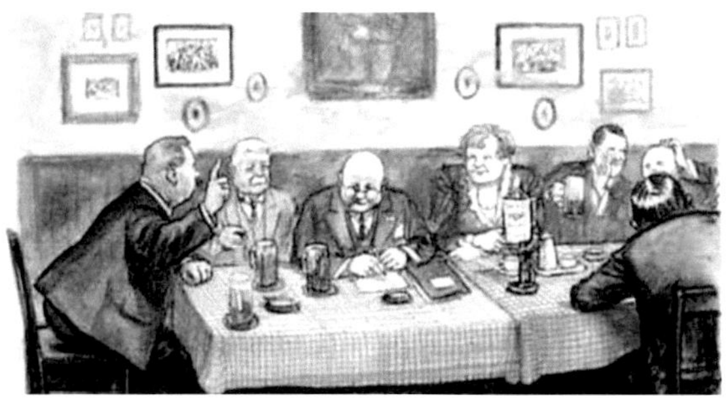

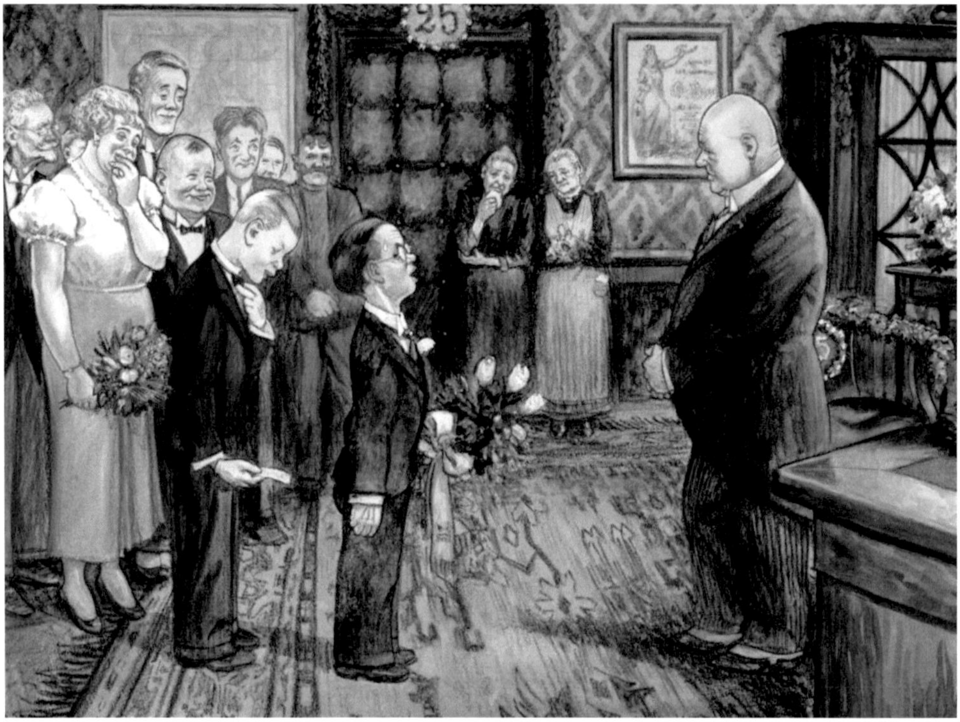

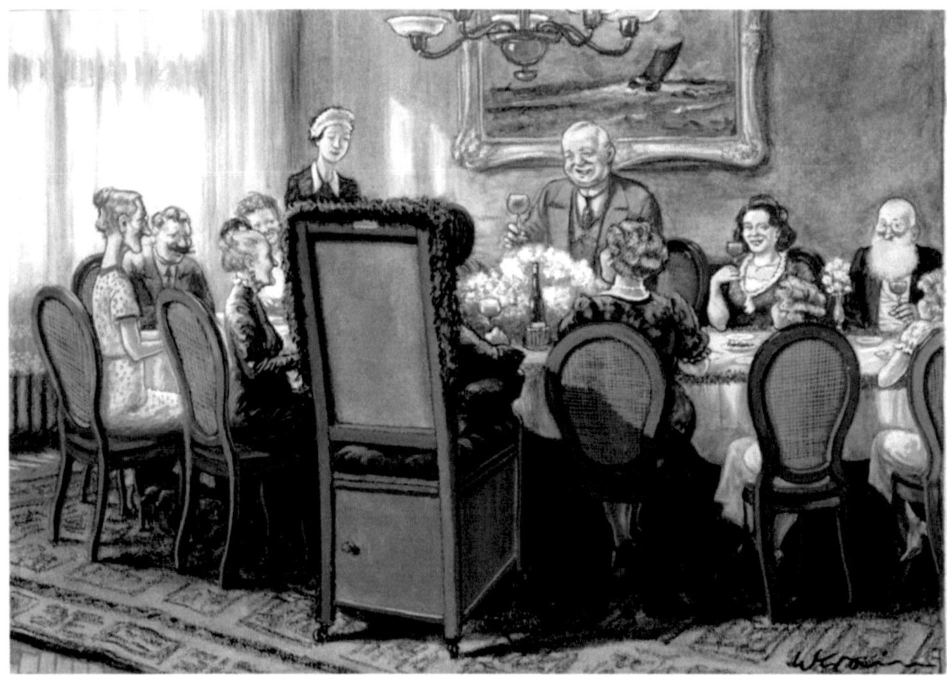

Am Morgen nach dem Firmen-Jubiläum

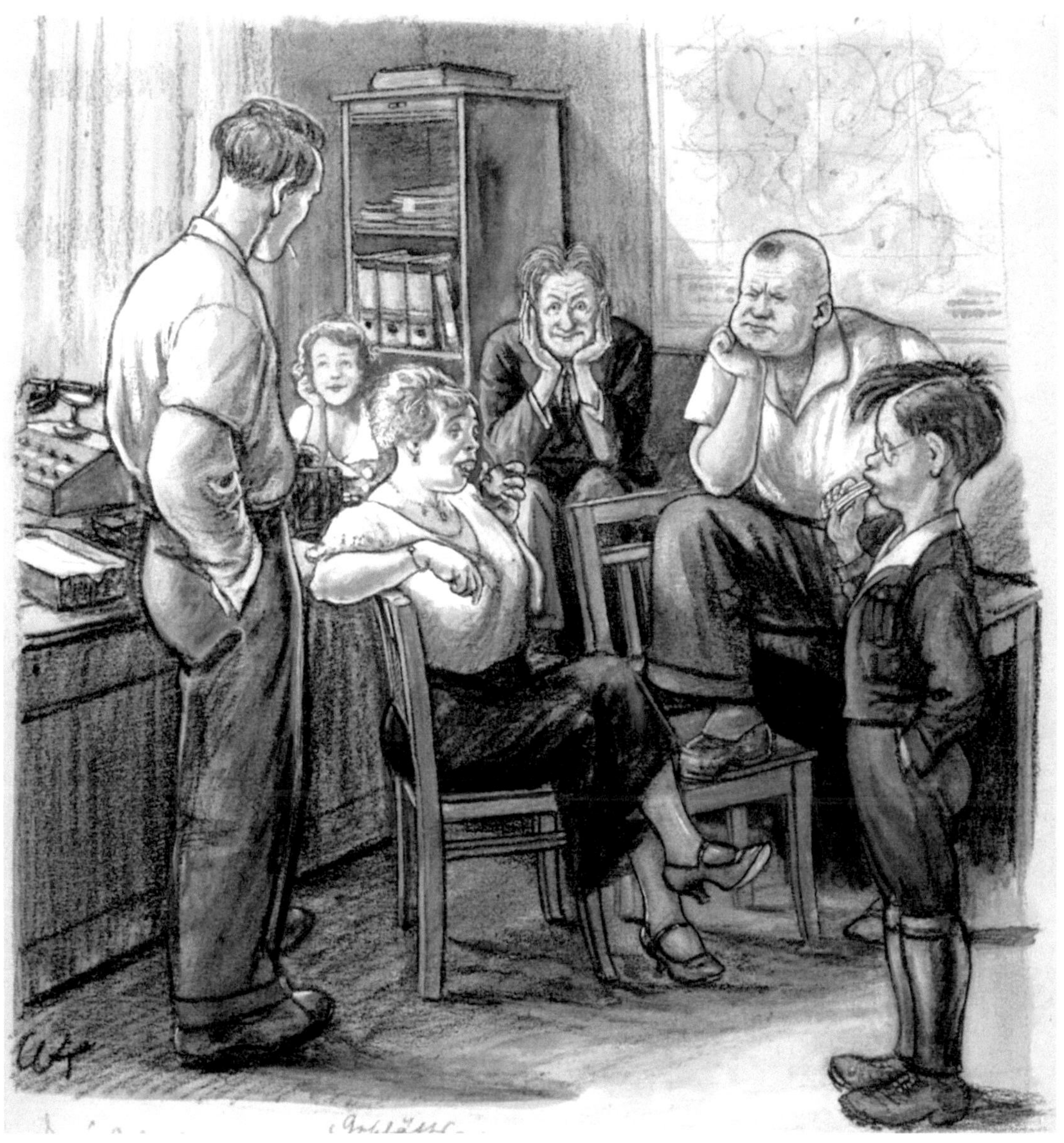

„So ein Gnietschfritze! Nich mal ne kleene Jehaltserhöhung!" – „Na und? Der
Jubiläumswein war ooch aus Wasserburg!" – „Und wo ick mir mit meine Ansprache
so anjestrengt habe!" – – –

Berliner Skizzen

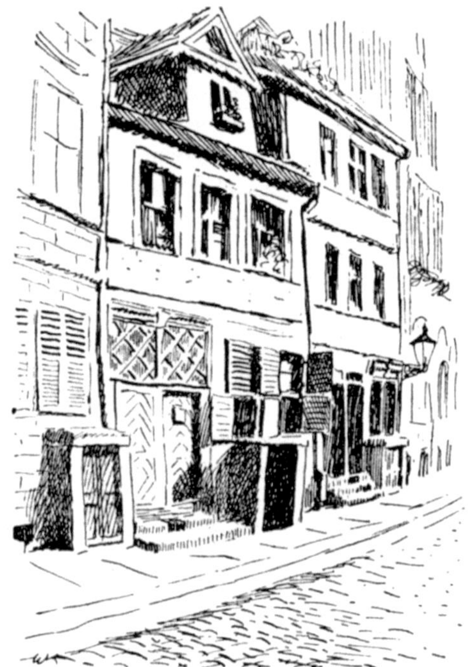

Alt-Berliner Straße

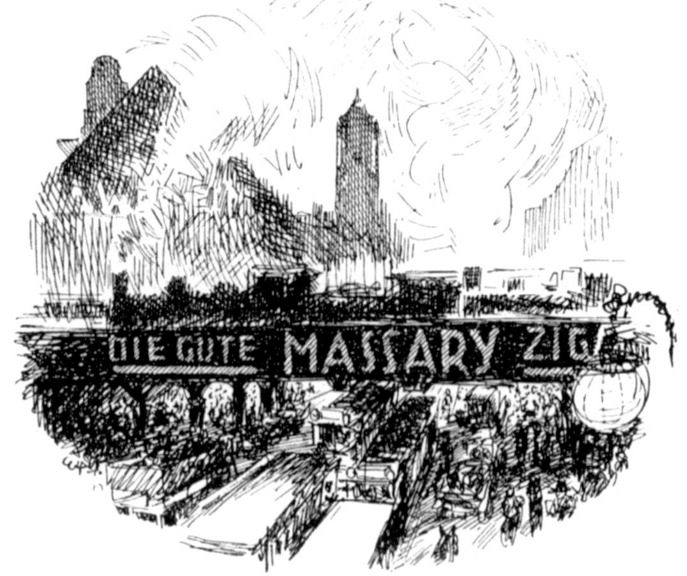

Bahnhof Alexander-Platz

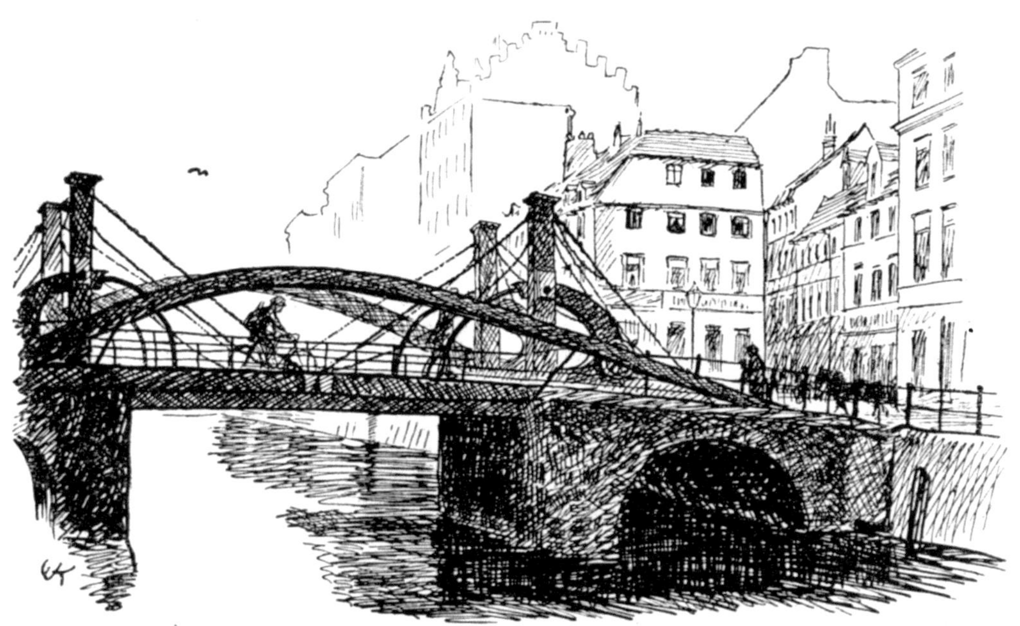

Jungfernbrücke

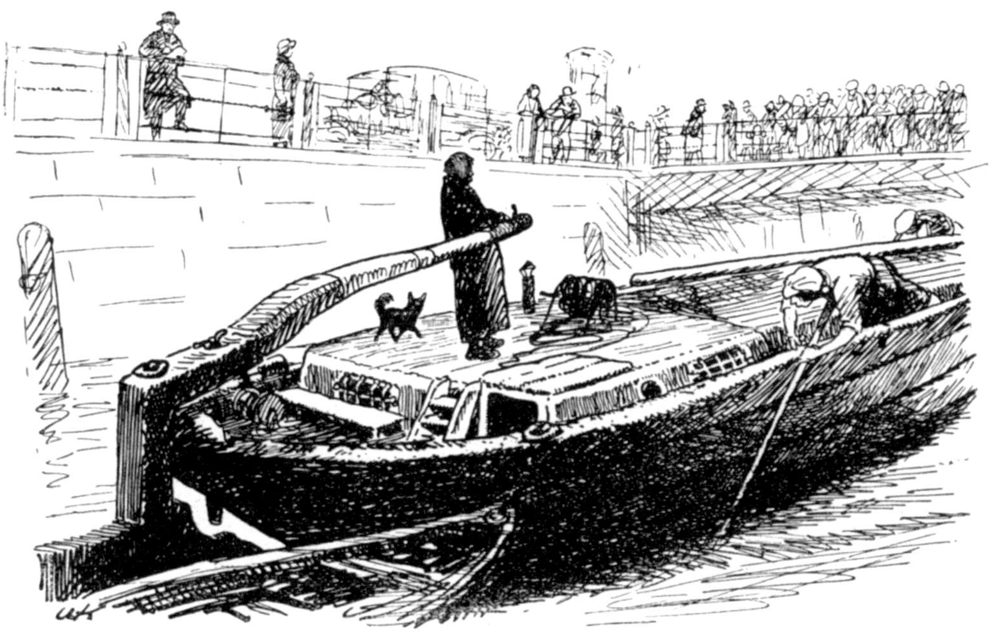

Spree-Kahn

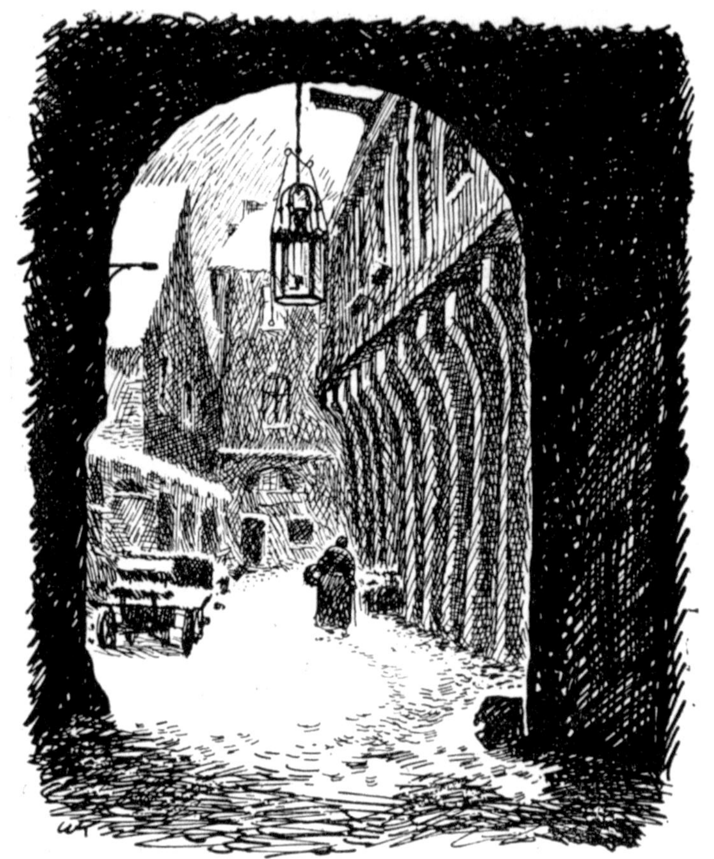

Krögelhof

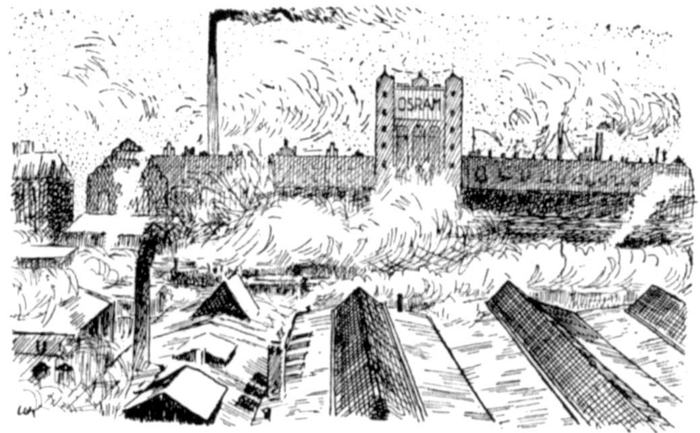

Osram-Werk

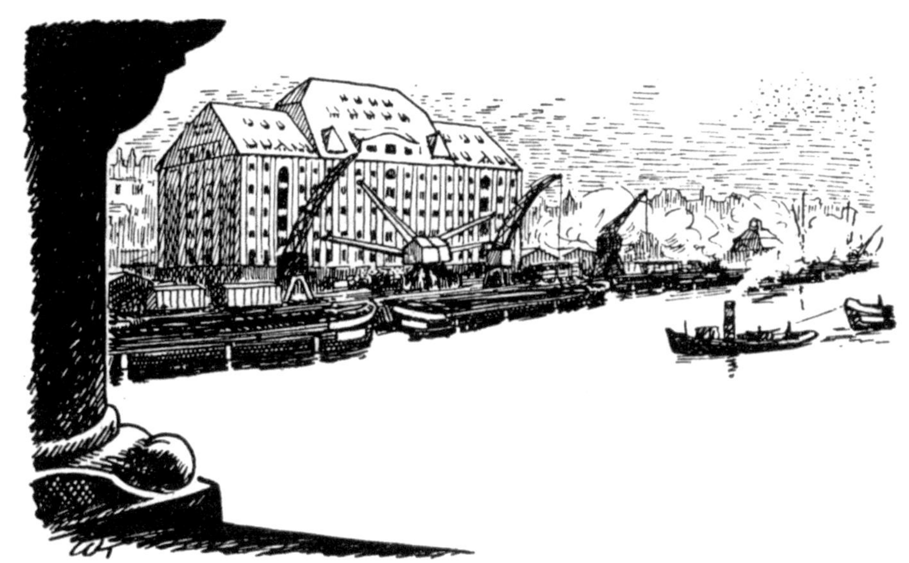

Osthafen

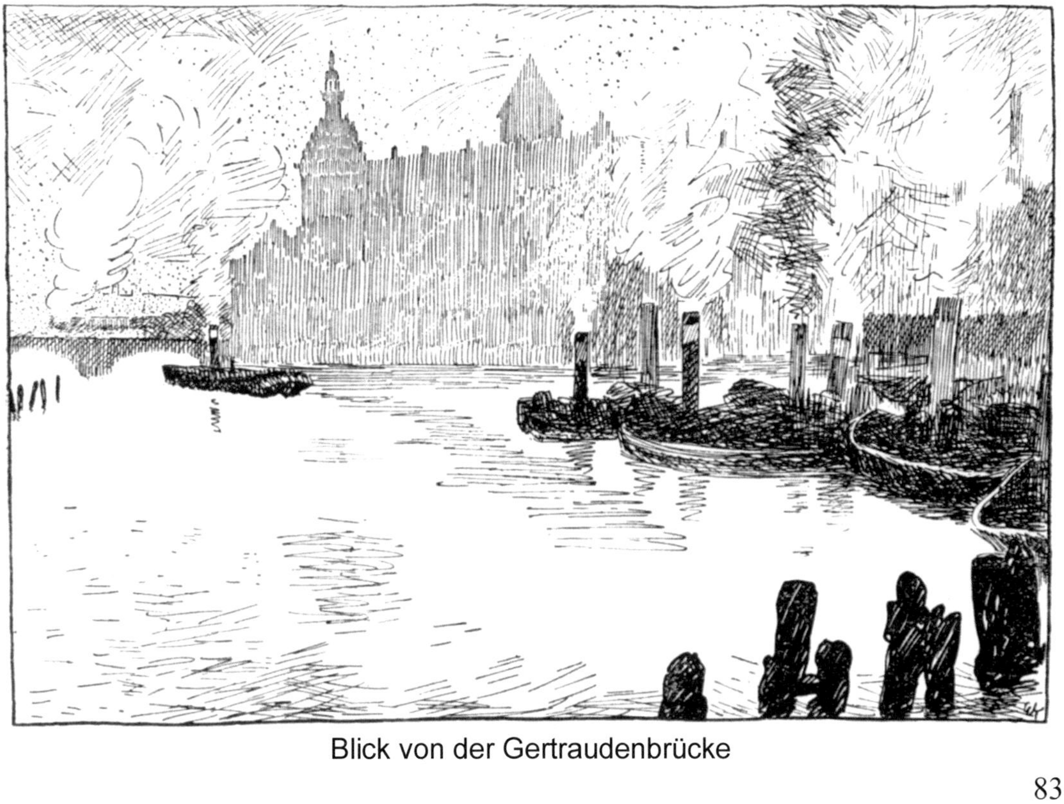

Blick von der Gertraudenbrücke

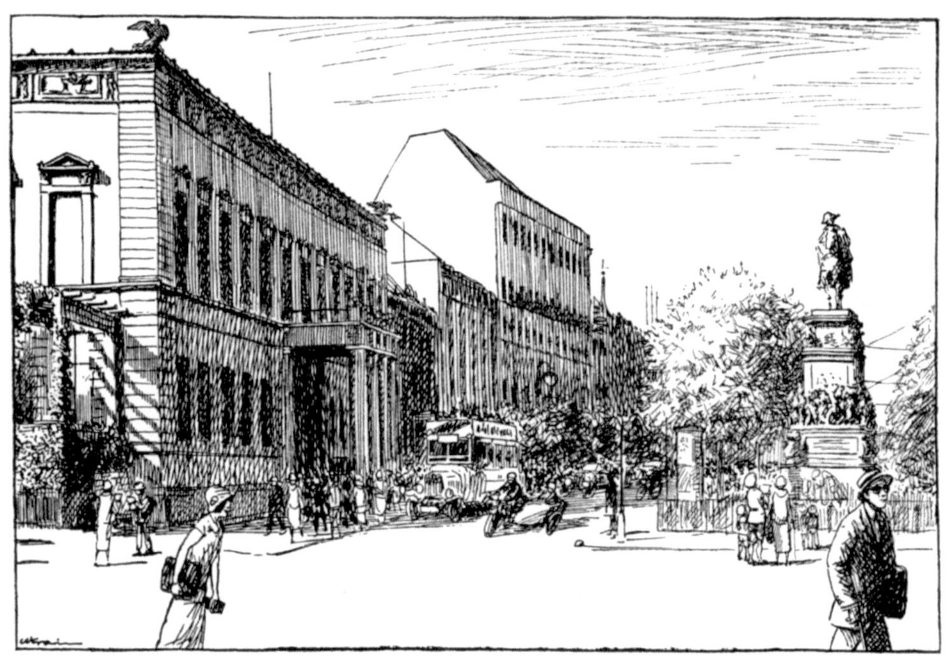

Unter den Linden

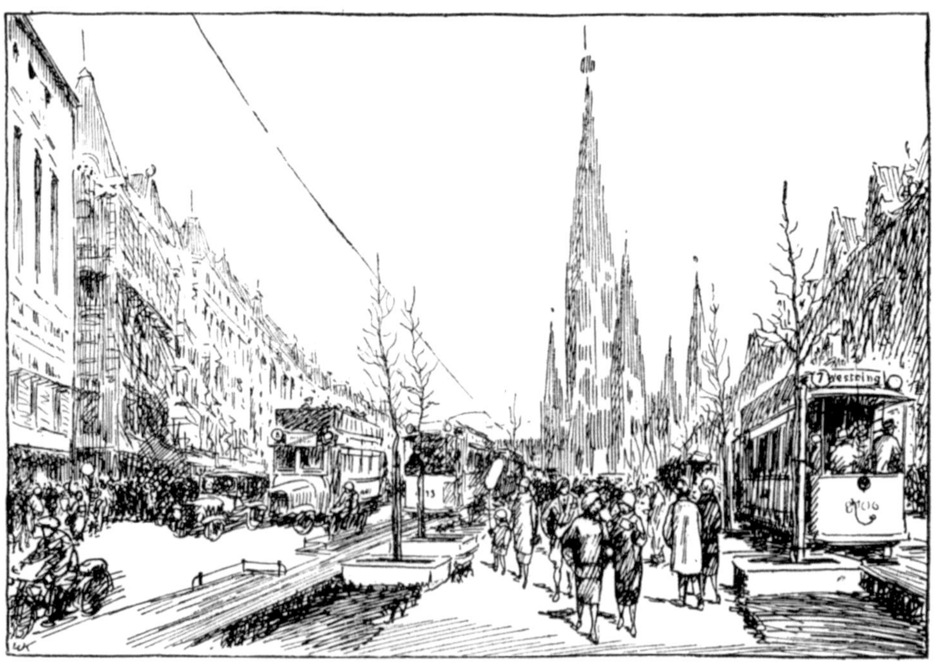

Auf der Tauentzien

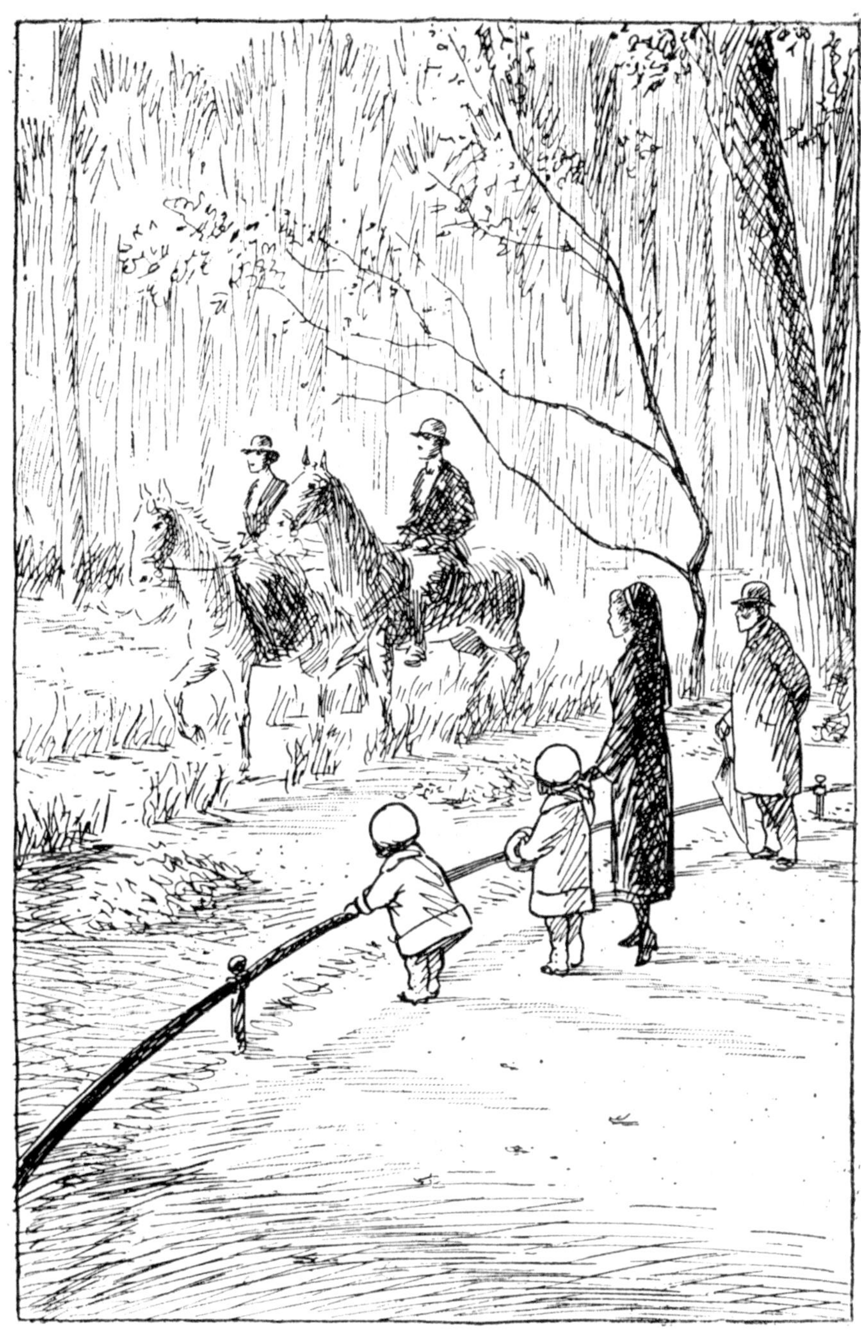

Im Tiergarten

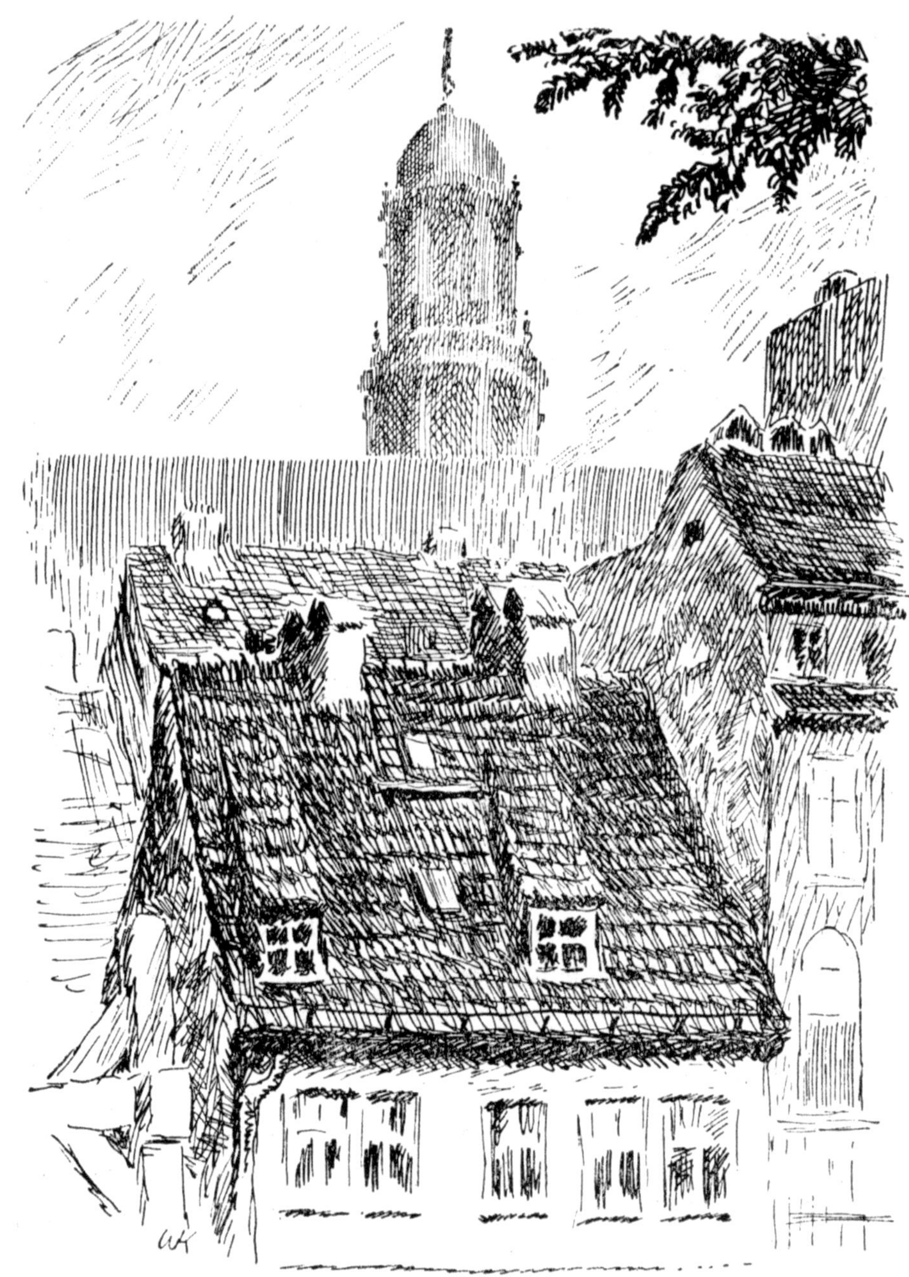

Stadthaus-Turm

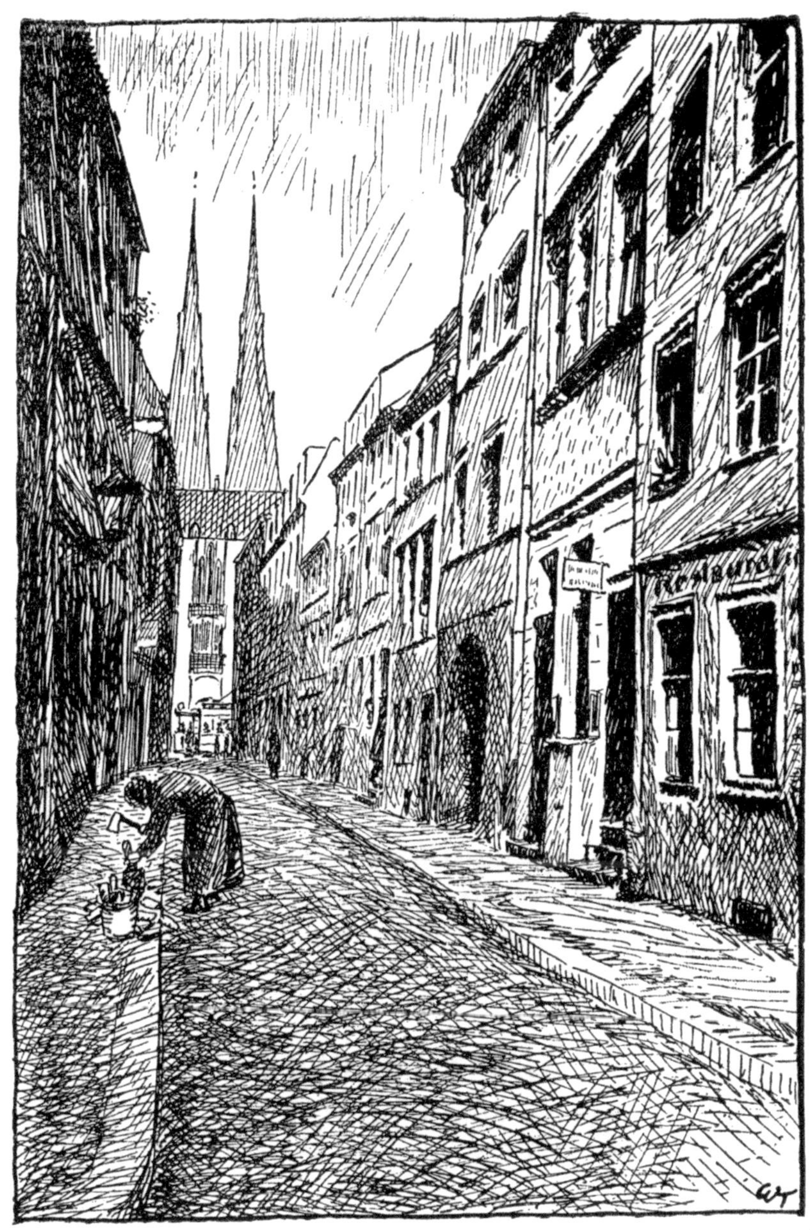

Parochialstraße

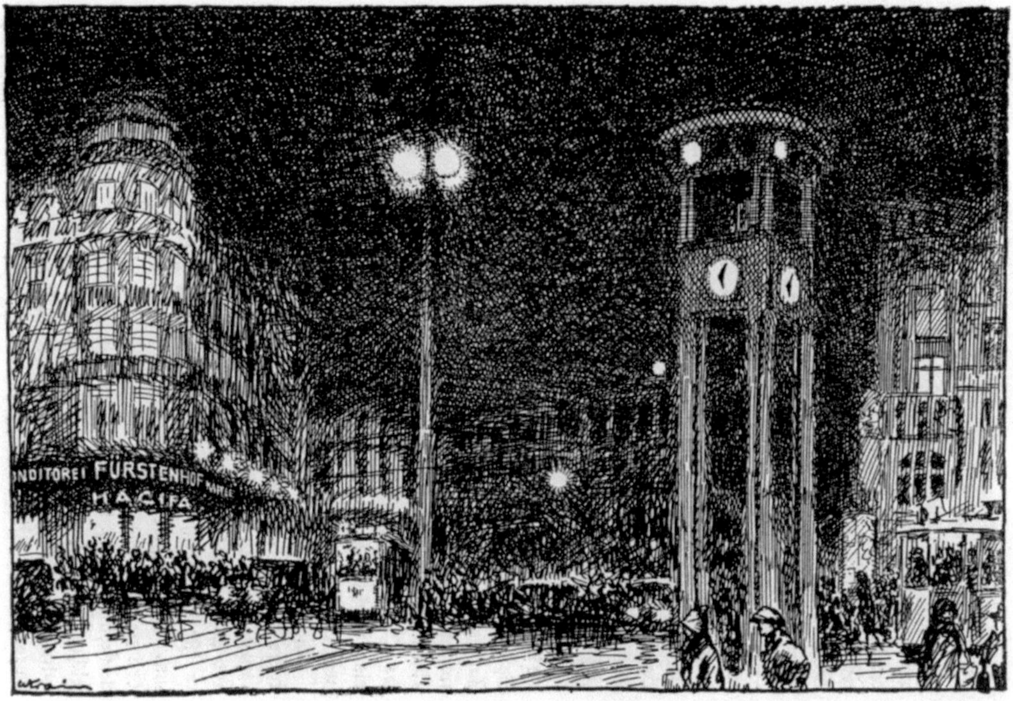

Potsdamer Platz

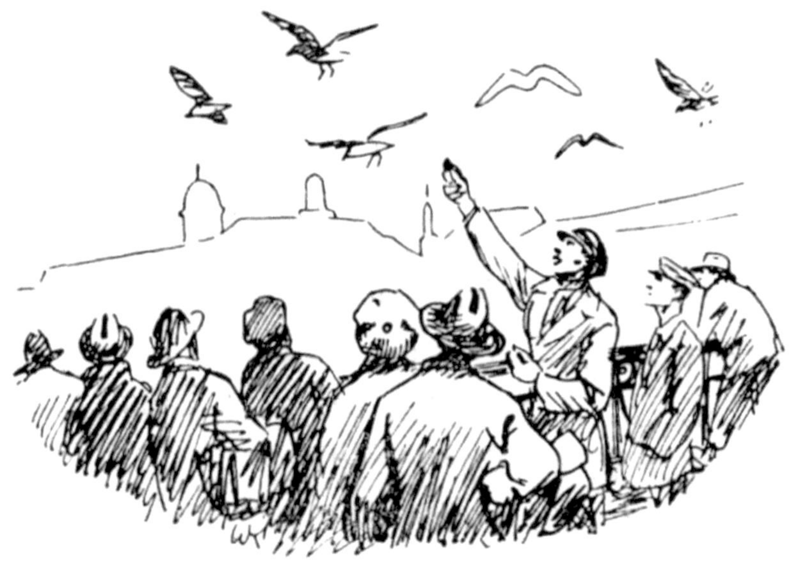

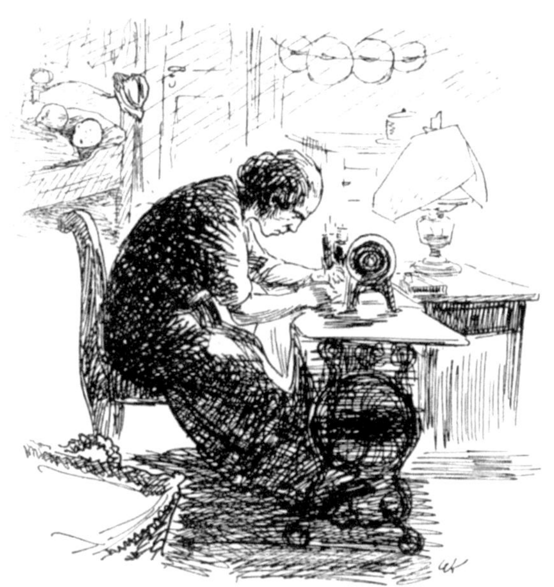

Heimarbeiterin

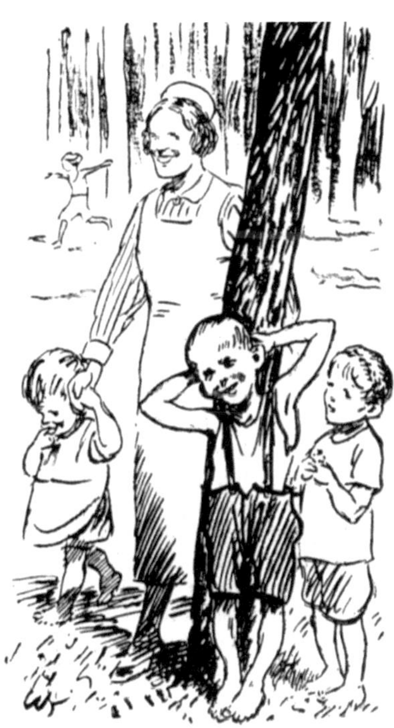

Berlin N.O. im Grunewald. „Och. Frollein, is det hier scheen!
Hier riecht et so nach – n a c h   j a r n i s c h t !"

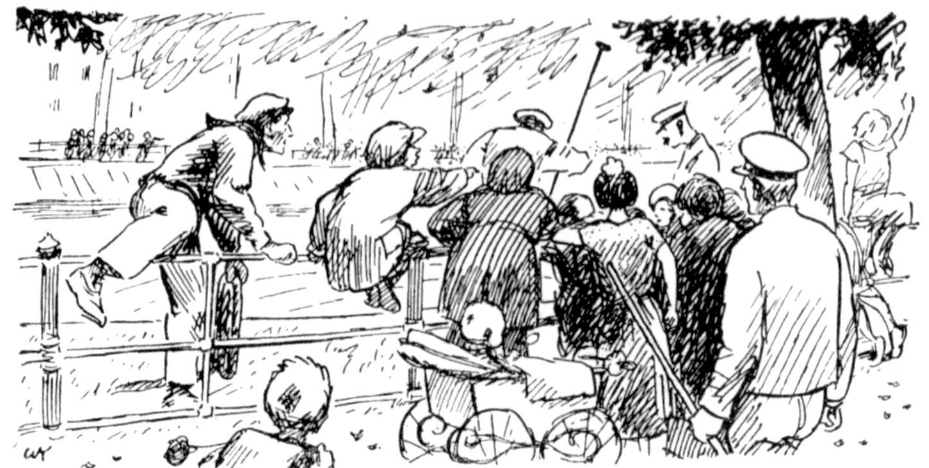

Im Landwehrkanal wird eine Leiche gefunden.

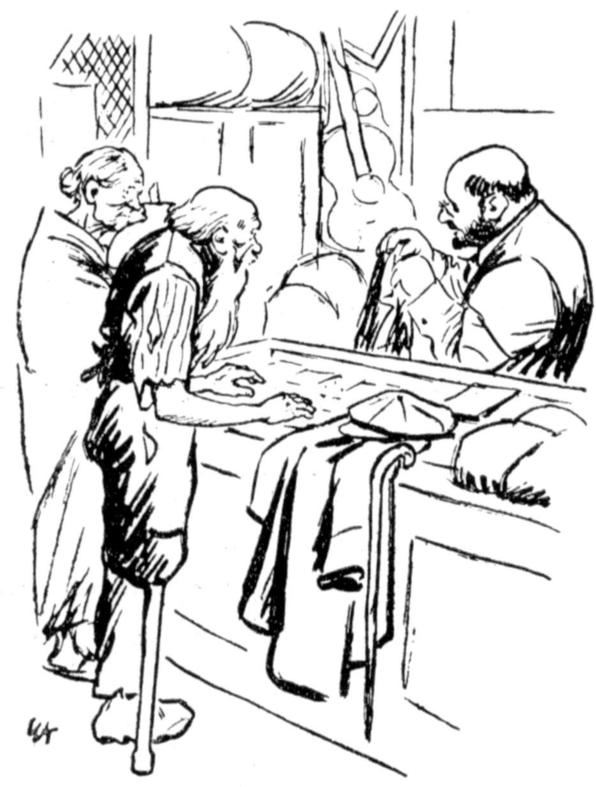

Im Leihhaus

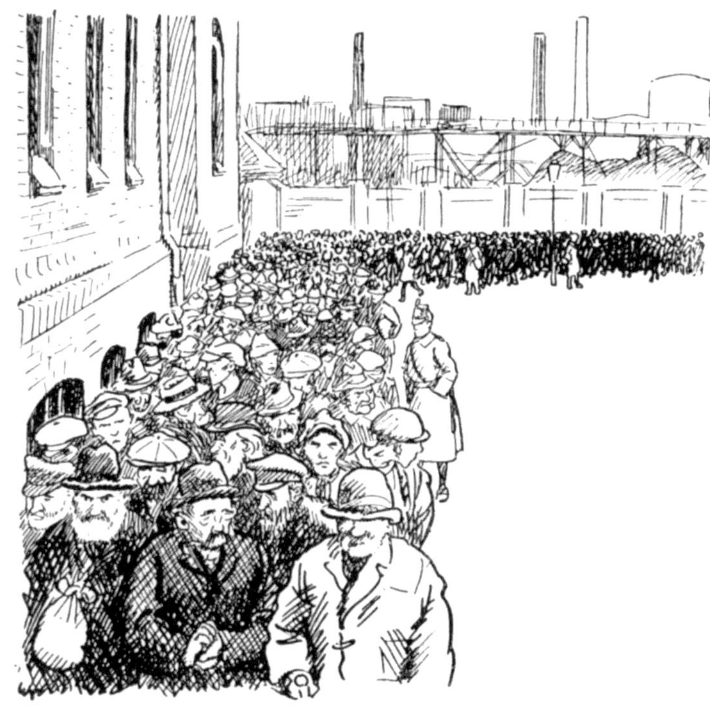

Vor dem Obdachlosen-Asyl

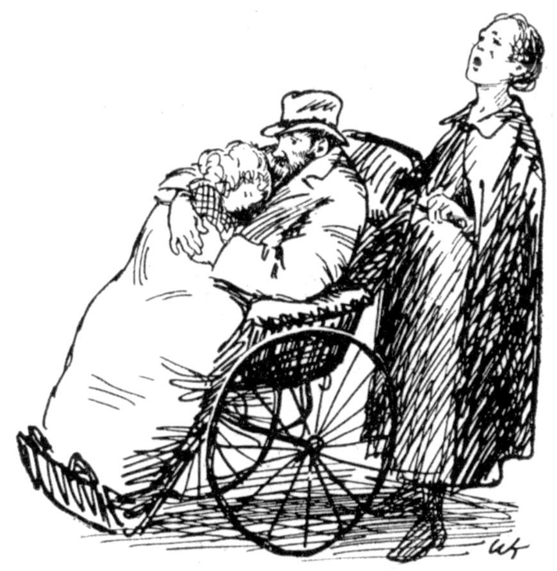

Straßensängerin

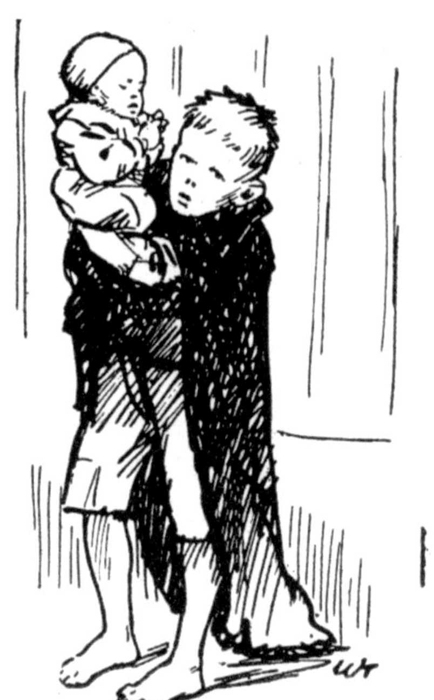

Am Straßenrand

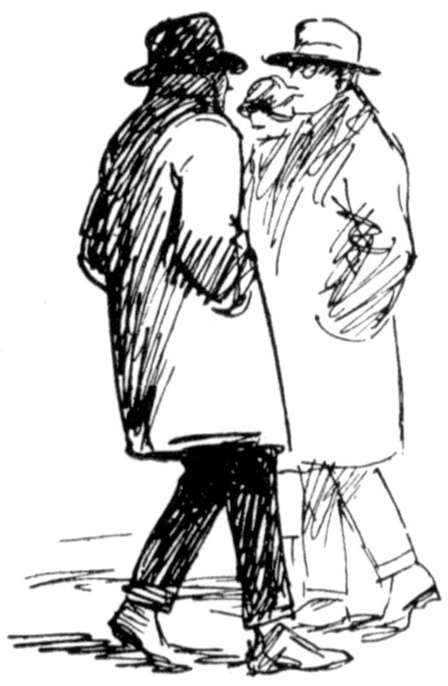

„Psst, geheimer Spielklub...!"

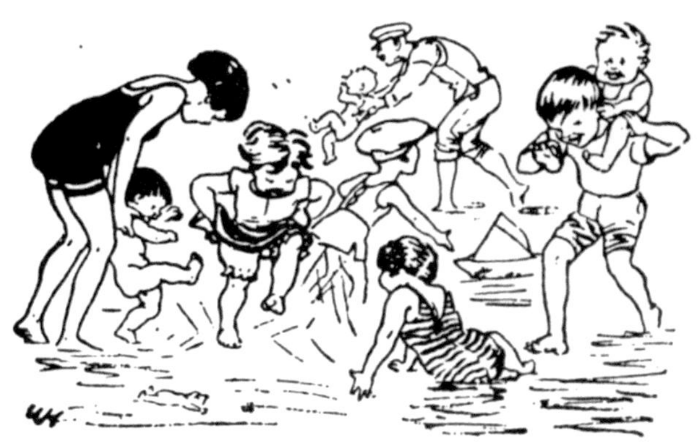

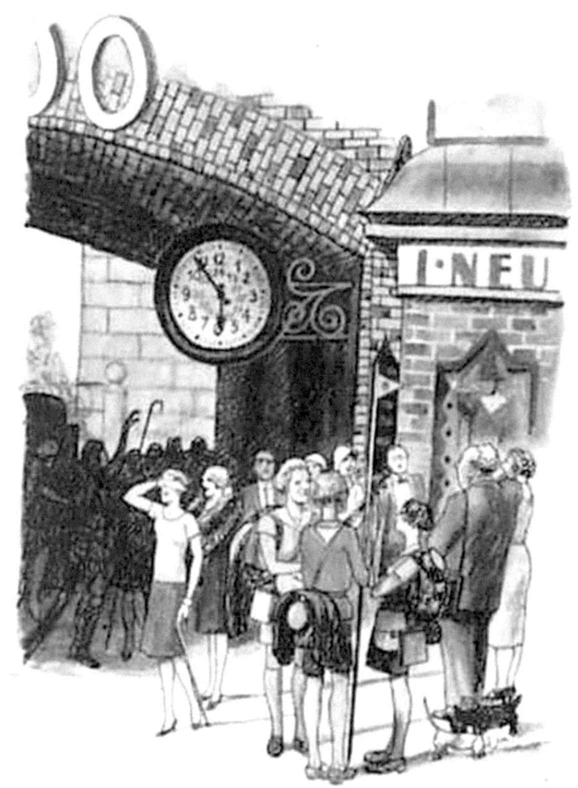

Bahnhof Zoo

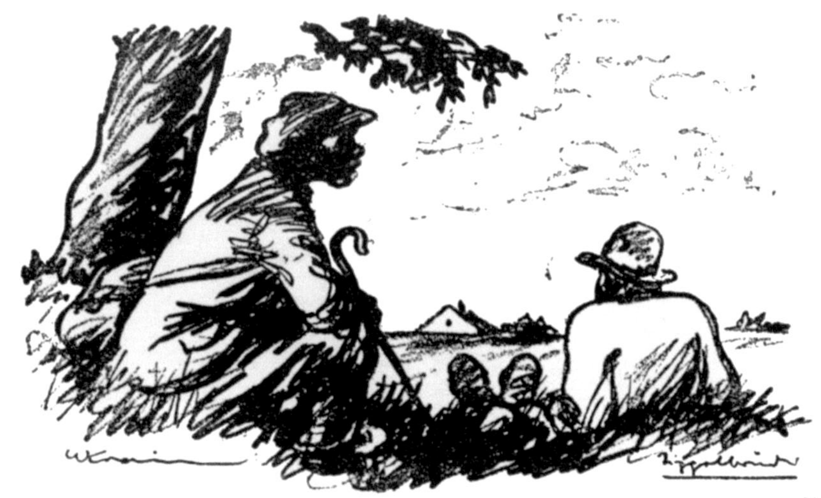

W. Krain

„Weeßte, Maxe, so'n „Wiekend" wär schon janz scheen — wenn et for unserens nich immer schon Montach anfangen tät'!"

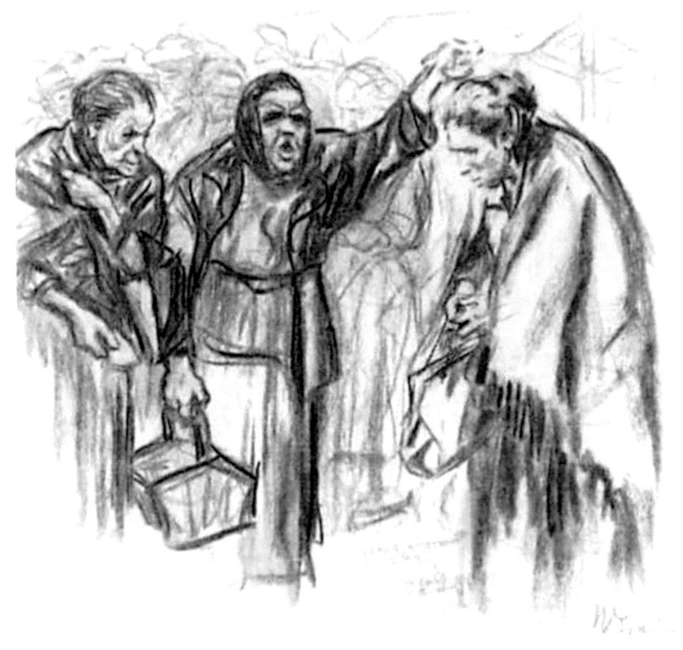

Klagende Frauen

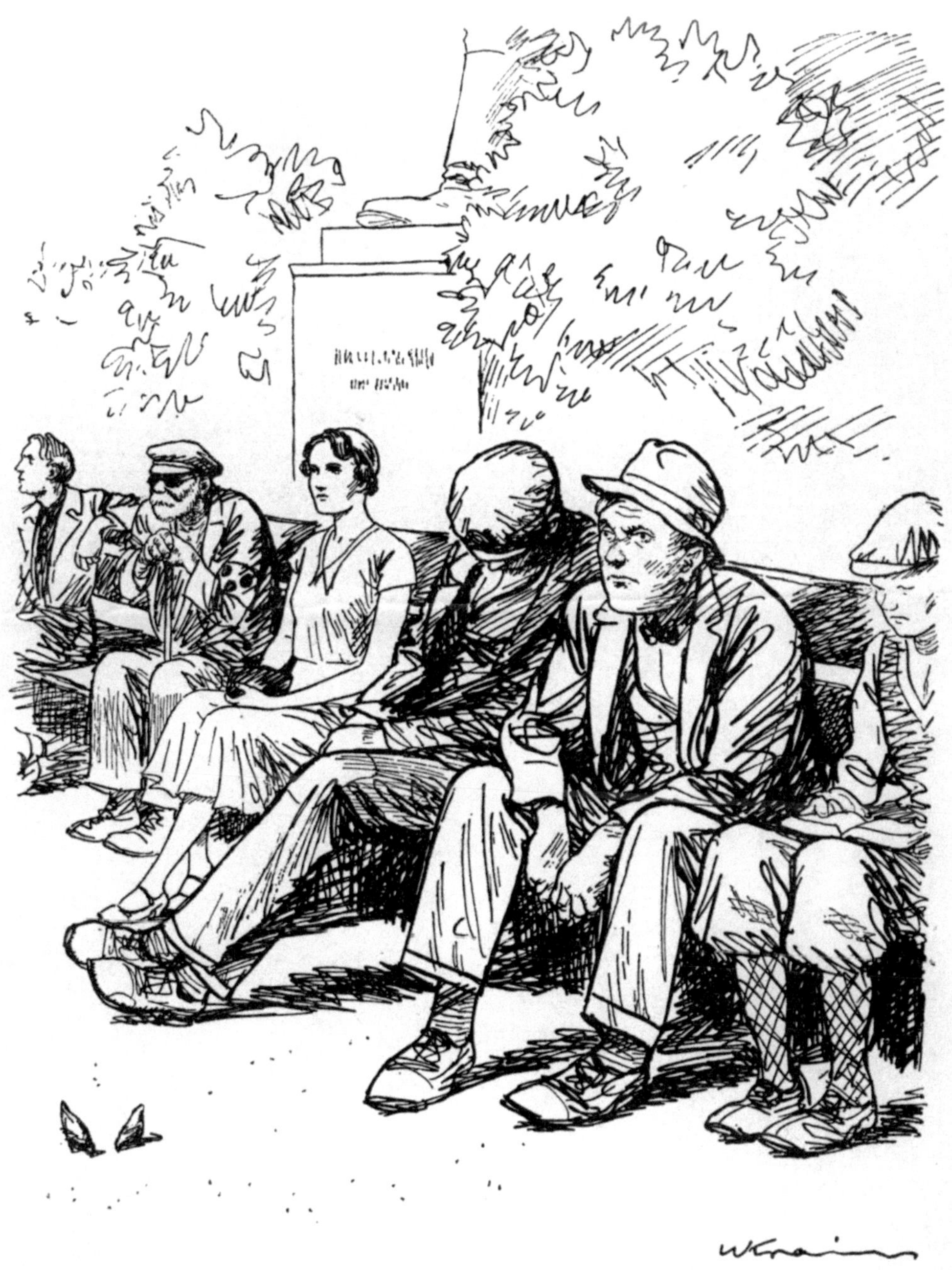

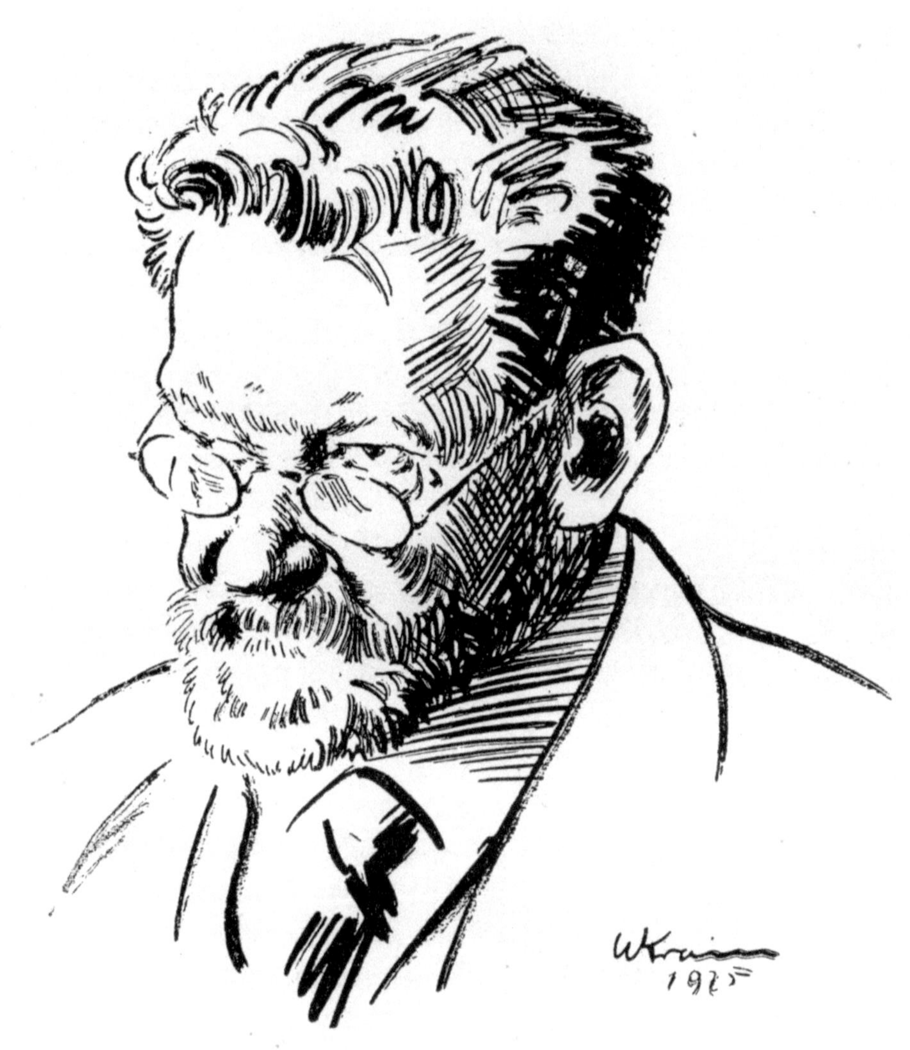

Heinrich Zille

Buchillustrationen

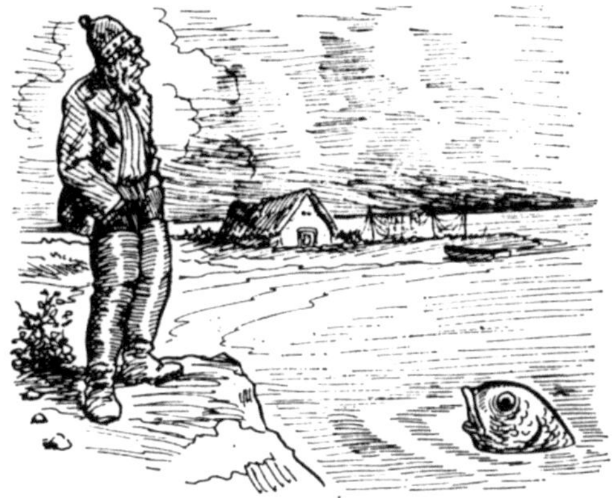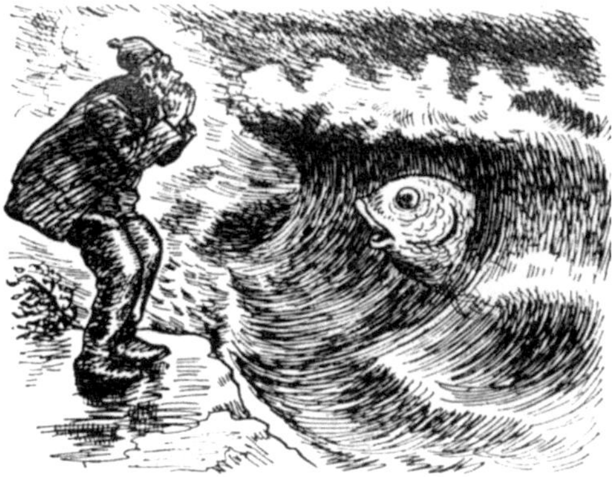

aus Philipp Otto Runge „Der Fischer und sine Frau"

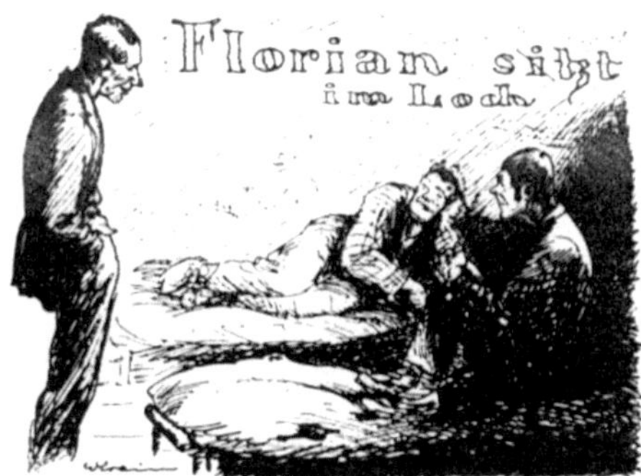

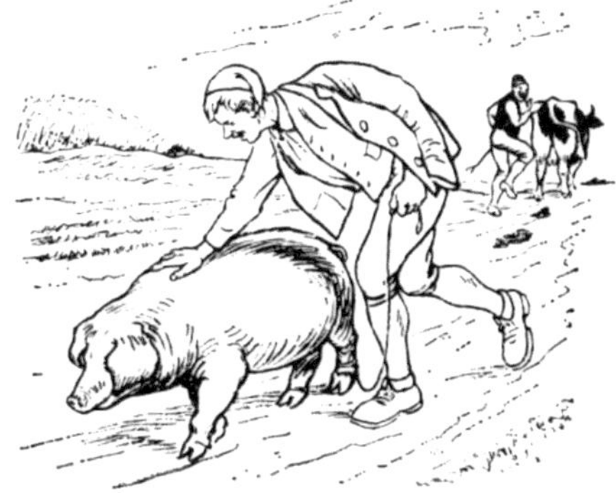

Titelzeichnung 1925

Gebrüder Grimm „Hans im Glück"

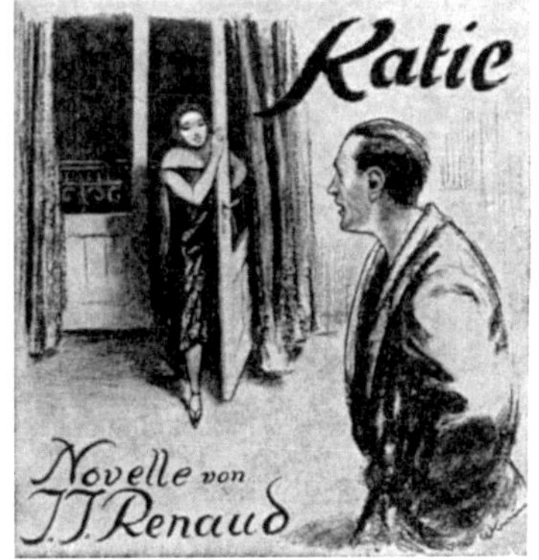
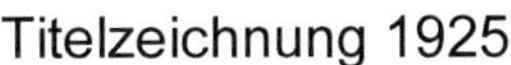

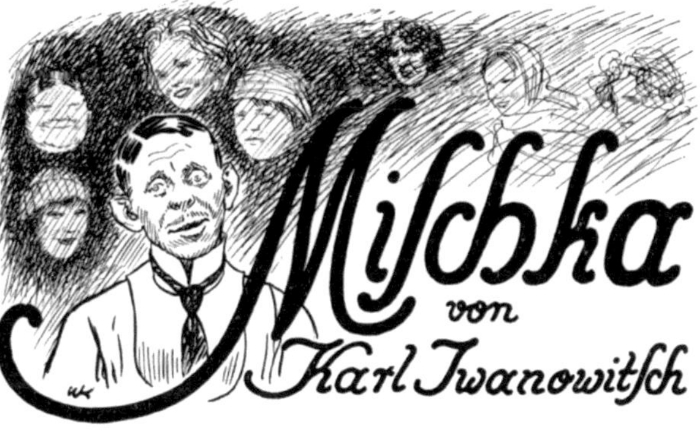

Titelzeichnung 1925

Federzeichnung 1925

Aus der Auswahl der Bilder, die die Katastrophen in der Mitte des vergangenen Jahrhunderts überstanden haben, ist leicht zu erkennen, daß viele Werke, die Willibald Krain berühmt gemacht haben, wofür er bewundert und wofür er gehaßt wurde, fehlen. Meine Auswahl beschränkt sich auf die eher „harmlosen" Zeichnungen, die zwar sein Können dokumentieren, seinen Humor erahnen lassen, aber nur zu einem geringen Teil etwas von seiner Gesinnung und seinen Überzeugungen wiedergeben.

Vielleicht schlummern in irgendwelchen Archiven Druckerzeugnisse, die gerettet werden konnten, mit Bilddokumenten, die den politisch denkenden und gesellschaftskritischen Willibald Krain besser beschreiben als die in diesem Buch zusammengestellten Zeichnungen. Meine Suche nach solchen Archiven war bisher leider erfolglos.

Ich bin jedoch sehr glücklich darüber, wenigstens die hier gezeigten Schätze zu besitzen, weil sie seine Arbeitsweise zeigen. Die Wiedergabe der Menschen erwecken den Eindruck, als habe es sie tatsächlich so gegeben, als sei ihm jeder von ihnen wert für ein Portrait gewesen.

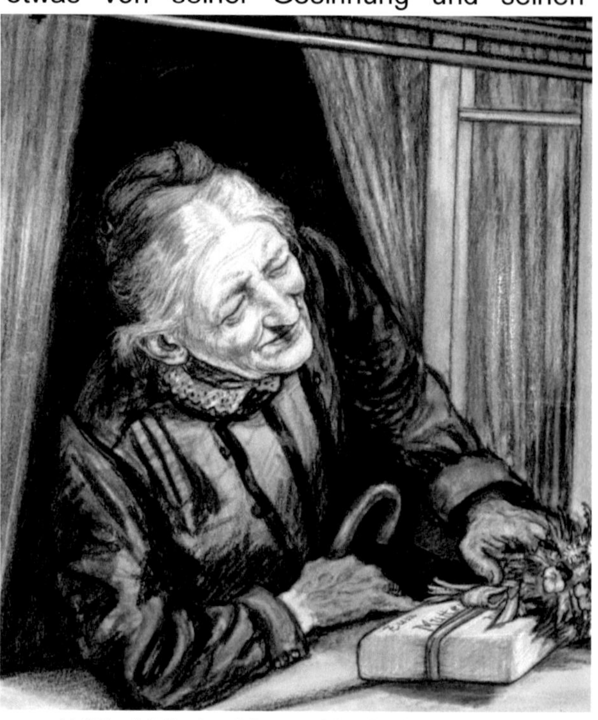

Willibald Krains Mutter: Martha Krain-Nawrath

Von seinen bildhauerischen Werken existieren meines Wissens nur noch zwei Büsten, die ihn selbst und seine Frau Martha darstellen. (S. 5)

Willibald Krain hat sein künstlerisches Talent an seine Enkel weitergegeben. Sie wurden zwei und drei Jahre vor seinem Tod in Berlin geboren. Seine Enkelin, Gabriele Krain, studierte auf derselben Kunstakademie in München wie er. Sie ist eine vielbeachtete Kunstmalerin, die in ihren Ateliers in München und Herrsching ihren eigenen Stil entwickelt hat. Ihr Lebenswerk ist Ausdruck

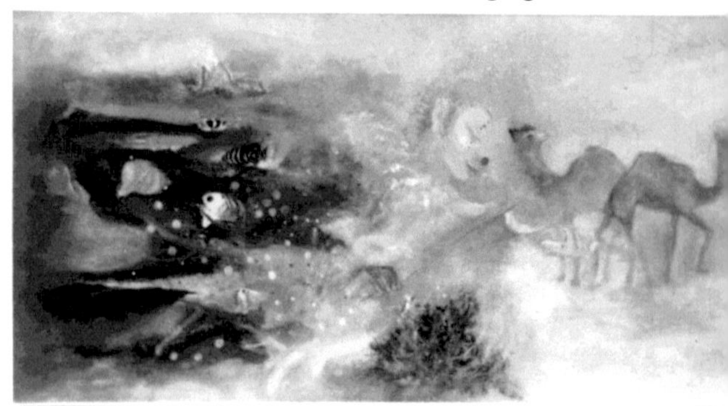

98

einer eigenen schöpferischen Darstellungskraft, die sich in erster Linie an der phantastischen Wirkung von Farbe, Licht und Formen orientiert. Ihre Bilder sind weit davon entfernt, mit Willibald Krain in Konkurrenz zu treten. Das schwarz-weiß wiedergegeben Bild auf Seite 98 gibt nur sehr mangelhaft die fast transzendentale Wirkung wieder.

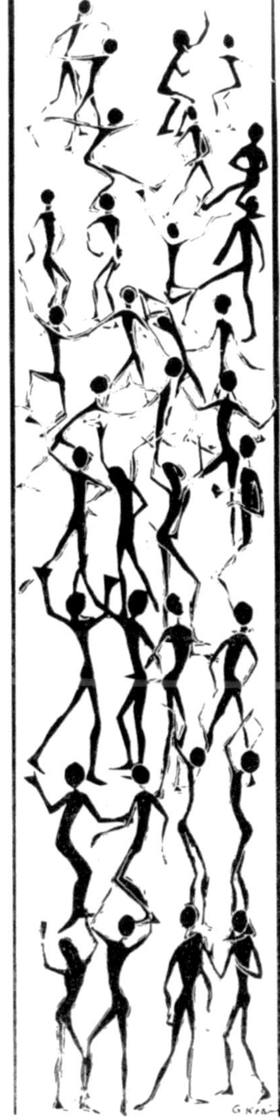

Die hier auf dieser Seite abgedruckte Kollage „Die Eistänzer" spiegelt ihr traumtänzerisches Verhältnis zu Bewegungen wieder. Professor Glette, bei dem sie in München Malerei studiert hat, sagte über sie: „Ihre Bilder und Zeichnungen sind genaue Selbstverwirklichungen. Auch im Porträt verwandelt sie die Realität in ein traumhaftes Sein, in dem sie selbst und das Modell gleichermaßen enthalten sind."
Das hier leider nur schwarz-weiß wiedergegebene Selbstporträt zeigt ungefähr, was er damit meinte.

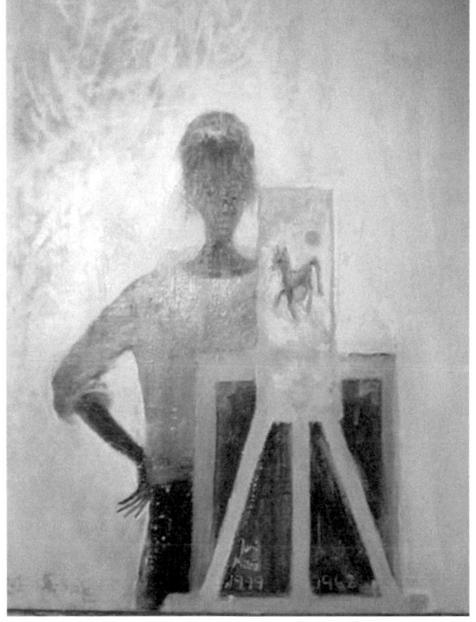

Willibald Krains zweiter Enkel, der Verfasser dieses Buches, Peter Krain tritt mehr als Zeichner in seine Fußstapfen. Er ist unter seinem „Künstlernamen" *Pik* als Zeichner bekannt. Das Titelbild zu diesem Buch stammt aus seiner Feder.
Peter Krain ist Illustrator und in erster Linie Cartoonist. In Vorbereitung sind Sammelbände seiner zum Teil bereits publizierten Zeichenserien. Band 1 *Falsch Verstanden* ist bereits erschienen *(ISBN 38330 11777)*.

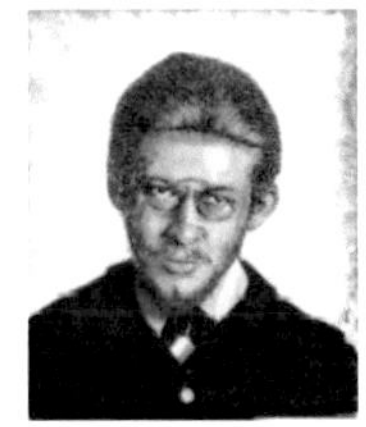

Ein weiteres Buch liegt vor mit dem Titel *LEAN-MOBBING - ein Sanierungskonzept nach Kammerjägerart (ISBN 389811 0257)*.
Willibald Krain hätte an seinen Enkeln seine Freude gehabt!

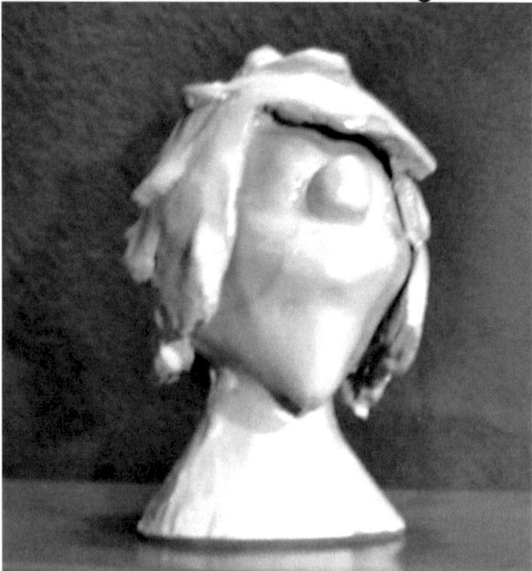

Peter Krain: *Pik* als Gipskopf 1985

Im Buchhandel erhältlich:

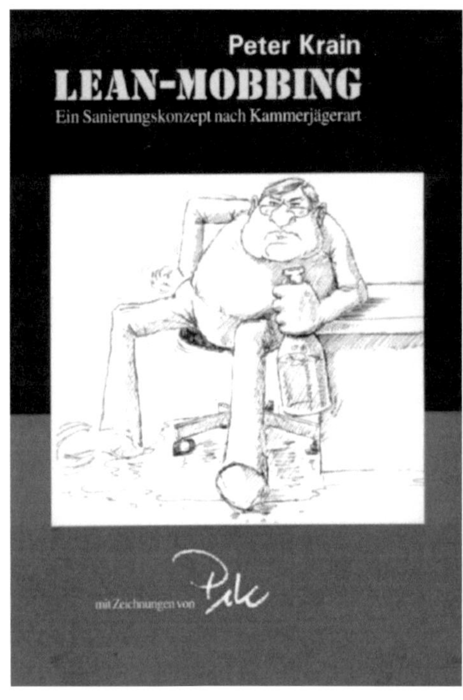

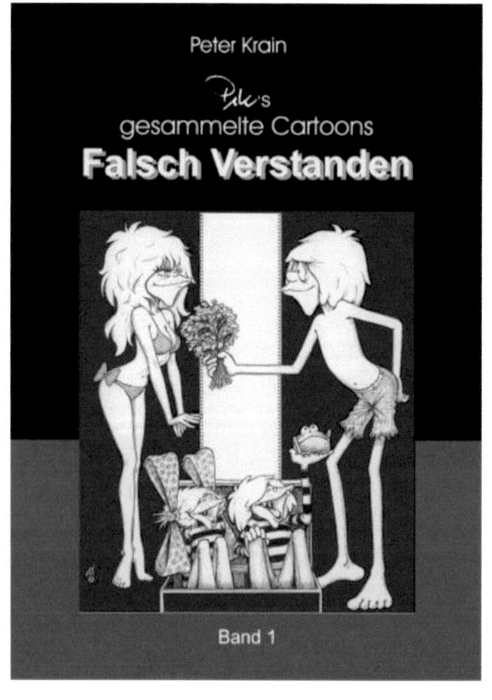

ISBN 3-89811-025-7

ISBN 3-8330-1177-7